Historia de Asia Oriental

1000 datos fascinantes sobre China y Japón

Índice de contenidos

Primera Parte: Historia de China

500 datos interesantes sobre China

Introducción

Durante generaciones, **la historia de China ha sido una historia llena de éxitos y luchas. Desde la China preimperial hasta la República Popular China**, la civilización china ha experimentado logros asombrosos y graves desafíos.

Este libro ofrece una visión general de los periodos más destacados de la historia china, desde **la dinastía Qin** hasta la **Política de Puertas Abiertas de China**. En cada capítulo exploraremos el panorama cultural y político de China a través de dinastías como **la Han** y **la Song del sur** y de acontecimientos tumultuosos como **las guerras del Opio** y **la Rebelión Taiping**.

También examinaremos algunos de los **momentos cruciales de la historia moderna de China**, como el intento de **Yuan Shikai** de restablecer el dominio imperial, **la guerra civil China, la Revolución Cultural, las protestas de la Plaza de Tiananmen** y el ascenso de China como superpotencia. A lo largo de este libro, examinaremos de cerca hitos notables y pequeños detalles que permiten comprender cómo estos periodos dieron forma a la cultura moderna.

Al leer sobre historia, comprendemos mejor las culturas y los acontecimientos modernos. **Se trata de una aventura por el pasado** que no sólo nos iluminará, sino que también cautivará nuestra imaginación y nos dejará con ganas de explorar más.

La China preimperial
(2000-221 a. C.)

Este capítulo explora la fascinante historia de la China preimperial con treinta datos interesantes. Con esta visión de la sociedad china preimperial, podremos apreciar mejor su sofisticación y resistencia durante esta época de la historia.

1. **La China preimperial** duró desde aproximadamente el año 2000 a. C. hasta el 221 a. C.
2. Durante esta época, **el pueblo chino hablaba muchas lenguas diferentes** y seguía costumbres distintas, dependiendo del lugar de China en el que vivieran.
3. El grupo dominante durante la época preimperial fue **la dinastía Zhou** (1046-256 a. C.).

4. **Los chinos desarrollaron complejos sistemas de gobierno,** leyes y escritura que perduraron durante siglos tras el fin del periodo preimperial.
5. **La sociedad china preimperial estaba dividida en clases basadas en la riqueza,** el poder y la ascendencia.
6. **Los agricultores proporcionaban alimentos para alimentar a todo el mundo.** El mijo era uno de los cultivos más importantes de la antigua China.
7. **La gestión** eficaz **de los recursos hídricos se convirtió en parte integrante de la vida cotidiana** debido a las frecuentes crecidas de los ríos cercanos. Con la ayuda de ricos terratenientes, que a menudo poseían grandes extensiones de tierra junto a los ríos, **los chinos** pudieron construir sistemas de regadío.
8. **Confucio fue un famoso filósofo chino** que vivió en la época preimperial. Sus enseñanzas sobre moralidad, justicia y respeto ejercieron una gran influencia en la China imperial. Todavía hoy siguen conformando en gran medida a la sociedad china.
9. Durante este periodo surgieron **algunas de las primeras formas de artes marciales.** Probablemente se remontan a **la dinastía Xia, hace unos cuatro mil años,** y el uso principal de las artes marciales era la defensa personal y la caza.

10. **La Ruta de la seda era una ruta comercial terrestre que conectaba Asia con Europa.** Tenía múltiples rutas que iban desde China hasta Occidente, pasando por Asia central. Aunque se han descubierto pruebas de comercio **a través de la Ruta** de la seda durante la época preimperial en varias partes de Eurasia, la ruta comercial se volvería mucho más importante en el siglo II a. C.

11. La escritura china más antigua data de la era preimperial. Se ha encontrado una escritura pictográfica conocida como *jiaguwen* **en huesos de animales y caparazones de tortuga** que se remonta aproximadamente al año 1200 a. C.

12. Los objetos de las primeras tumbas de la Edad de Bronce revelan que la gente conocía la astronomía y las matemáticas. Los arqueólogos han descubierto cajas de laca con nombres de decenas de casas lunares (divisiones del cielo), que datan del siglo V a. C.

13. La construcción de las murallas que más tarde se unirían para formar la Gran Muralla comenzó en el siglo VII a. C. Las murallas estaban destinadas a defender las tierras chinas de los invasores del norte. Se construyeron parcialmente con piedra, madera y tierra apisonada.

14. A lo largo de los siglos se fueron añadiendo diferentes secciones a la Gran Muralla. Las secciones finales de la muralla se completaron durante **la dinastía Ming** (1368-1644 d. C.), ¡lo que significa que se tardó más de dos mil años en terminar **la Gran Muralla!**

15. Los chinos inventaron brújulas primitivas alrededor del siglo IV a. C. Estas brújulas no se utilizaban para encontrar el camino hacia el norte. **Se utilizaban para encontrar la dirección correcta en la vida. Estas brújulas se utilizaban en rituales, prácticas de feng shui y adivinación.**

16. Las escuelas filosóficas de pensamiento como **el daoísmo, el confucianismo y el moísmo** influyeron mucho en la China preimperial.

17. Los antiguos chinos creían en el culto a los antepasados. Honraban a sus antepasados con ofrendas de comida o incienso colocadas en altares.

18. Las vasijas y armas de bronce eran comunes en la época preimperial. Estos objetos a menudo tenían intrincados diseños grabados.

19. Las primeras monedas desarrolladas en Asia oriental proceden de la dinastía Zhou (1046-256 a. C.). Sin embargo, no existía un sistema monetario desarrollado y las monedas no se parecían a las que usamos hoy en día. En su lugar, se utilizaban con frecuencia objetos encontrados en la naturaleza, como conchas de cauri.

20. Un descubrimiento interesante que data de la China preimperial son los huesos de oráculo. Los huesos llevaban inscritas preguntas importantes sobre el clima o las batallas y luego se calentaban hasta que producían grietas. Los patrones proporcionados por las grietas eran entonces interpretados por oráculos.

21. **El consumo de té se popularizó en algunas zonas de China durante la dinastía Zhou. Aunque al principio se utilizaba con fines medicinales,** la nobleza empezó a tomar el té como una actividad de lujo.

22. **Los antiguos chinos desarrollaron algunas de las primeras formas de alfarería y cerámica.** Utilizaban estos objetos para cocinar, almacenar y enterrar.

23. **La medicina tradicional china se practica desde la época preimperial.** Los curanderos utilizaban hierbas y técnicas de acupuntura para tratar enfermedades.

24. **Se cree que la dinastía Xia, semimítica, existió entre 2000 y 1600 a. C. y se considera una de las primeras** (si no la primera) **dinastías gobernantes de la antigua China.** Comúnmente se sostiene que el primer gobernante Xia, de nombre Yu, fue el primero en obtener el derecho divino a gobernar, también conocido como el mandato del cielo.

25. **La China preimperial experimentó un avance excepcional en la metalurgia.** Las herramientas y armas de hierro fueron sustituyendo poco a poco al bronce hacia finales del siglo VI a. C. en el valle del Yangtse. El hierro se convertiría en el metal preferido hacia el 300 a. C.

26. **Quizá la obra literaria más famosa de la época preimperial sea** *El arte de la guerra*, del estratega militar Sun Tzu. El libro fue escrito en el siglo V a. C. y sigue siendo un popular tratado militar.

27. Otros clásicos, como el *I Ching* (*Libro de los cambios*) **de finales del siglo IX a. C. y el** *Tao Te Ching* (*Libro de la vía*) **del siglo V a. C.**, también fueron compuestos durante esta época.

28. **Una de las ideas más fundamentales de la antigua cultura china es el yin y el yang, un concepto que afirma que todo tiene dos lados opuestos pero interconectados.** Aunque estos términos no se utilizaban en la época preimperial, hay pruebas de que la idea del yin y el yang estaba empezando a formarse.

29. **La época preimperial fue testigo de las primeras iteraciones de los calendarios chinos.** Los antiguos chinos utilizaban calendarios solares. **Durante la dinastía Zhou, los chinos utilizaron un calendario lunisolar.**

30. **En la China preimperial se produjeron avances excepcionales en matemáticas.** Desarrollaron las matemáticas de forma independiente (es decir, sin influencia de otras civilizaciones) durante el siglo XI a. C.

Dinastía Qin
(221-206 a. C.)

Descubra la fascinante historia de la dinastía Qin, la primera dinastía imperial de China. Descubriremos cómo **el emperador Qin Shi Huang creó un imperio chino unificado** con estos diez datos asombrosos.

31. **La dinastía Qin fue la primera dinastía de la era imperial china.** Duró del 221 al 206 a. C.

32. **El emperador Qin Shi Huang conquistó los seis estados guerreros Zhou,** unificándolos en un solo país con un solo gobierno.

33. **También es conocido por unir las murallas ya existentes en la Gran Muralla china** para proteger su reino de los invasores.

34. **Durante la dinastía Qin,** la tecnología avanzó considerablemente. Las ballestas se utilizaban más a menudo en la guerra y los arados de hierro ayudaban a los agricultores a cultivar con mayor eficacia.

35. Quizá haya oído hablar del **Ejército de Terracota. Se construyó para «custodiar» la tumba del emperador Qin Shi Huang.** Está formado por más de ocho mil soldados de arcilla de tamaño natural. Todos estos soldados fueron enterrados junto al emperador en un complejo subterráneo secreto cerca de la ciudad de Xi'an, en el centro de China.

36. En su apogeo, **la población de la dinastía Qin contaba con decenas de millones de personas bajo su dominio.**

37. **El emperador Qin Shi Huang creó un sistema estandarizado para el dinero y los pesos y medidas,** que unificó la economía de China.

38. **Durante su reinado se quemó y destruyó un gran número de libros.** El emperador quería disuadir a la gente de aprender sobre diferentes ideas o enseñanzas que él desaprobaba, **como el confucianismo.** ¡Incluso enterró vivos a cientos de eruditos confucianos!

39. **Durante este periodo se estableció el código legal chino** que se utilizaría durante cientos de años en el futuro; se centraba principalmente en valores como la piedad filial (respetar a los padres).

40. **Esta dinastía sólo duró quince años, pero no se puede negar su impacto cultural.** El Imperio Qin estandarizó la escritura, amplió las carreteras y creó un mejor sistema postal.

Dinastía Han
(202 a. C.- 220 d. C.)

Explore **la fascinante historia de la dinastía Han.** Descubra **cómo el confucianismo se convirtió en ideología oficial durante este periodo** y qué impacto tuvo en la sociedad china. Explore también el intercambio cultural que tuvo lugar gracias a **la Ruta de la seda.** ¡Le sorprenderá saber con qué se comerciaba!

41. **La dinastía Han fue la segunda dinastía imperial de China** y duró desde 202 a. C. hasta 220 d. C.

42. **Liu Bang, más conocido como el emperador Gaozu, fundó la dinastía** después de derrotar a su rival, Xiang Yu, el líder de las fuerzas rebeldes que derrocaron a la dinastía Qin, en el 202 a. C.

43. **La cultura china floreció con avances en la literatura, el arte, la música y la tecnología.** Por ejemplo, en 132 a. C., los chinos inventaron una forma primitiva de sismógrafo para detectar terremotos.

44. **El confucianismo**, que ayudó a configurar las políticas gubernamentales y los valores sociales en toda Asia oriental, **se convirtió en la ideología oficial del Estado.**

45. **Chang'an** (actual Xi'an) **fue la capital de la dinastía Han** durante los primeros doscientos años aproximadamente.

46. **El comercio entre China y otros países aumentó significativamente durante este periodo** debido a la mejora de las redes de transporte, como canales o carreteras.

47. **Se establecieron oficialmente las rutas comerciales de la Ruta de la seda, que conectaban China con Asia central, India, Oriente Próximo y Europa.** Estas rutas fueron utilizadas durante siglos por mercaderes que viajaban entre países con mercancías como seda, especias y té.

48. **La dinastía Han se dividió en dos periodos: Han occidental** (202 a. C.-9 d. C.) y Han oriental (25-220 d. C.).

49. **El emperador Wu de la dinastía Han occidental está considerado uno de los más grandes gobernantes de China.** Expandió las fronteras para incluir partes de Asia central, Corea y Vietnam.

50. **Se estableció un sistema de exámenes de servicio civil** para permitir que personas de todas las clases sociales se convirtieran en funcionarios del gobierno basándose en sus conocimientos y no en sus derechos de nacimiento o riqueza.

51. **El sistema monetario, que había sido profundamente desarrollado durante la dinastía Qin, avanzó aún más.** Se añadieron nuevas monedas para facilitar las transacciones.

52. **Se cree que la primera brújula china se inventó durante la dinastía Han.** Originalmente llamada **«pez que apunta al sur»,** no se utilizaba para la navegación, sino más bien para la adivinación y la elección de los lugares de construcción.

53. **El budismo llegó a China** durante el periodo **Han oriental, cuando se extendió desde la India a través de la Ruta de la seda.** Los comerciantes traían consigo las escrituras tras visitar tierras extranjeras como el Tíbet o Nepal. Se comerciaba con ideas y aspectos culturales tanto como con mercancías.

54. **En el siglo II, el emperador Wu envió a un diplomático llamado Zhang Qian a explorar Asia central** y establecer mejores rutas comerciales. Rápidamente se convertiría en uno de los viajeros más famosos.

55. **Zhang Qian también trajo conocimientos que ayudaron a mejorar la agricultura en China** y nuevos cultivos como la uva y la granada.

56. **Las clases sociales chinas sufrieron una interesante transformación durante el periodo Han.** Los agricultores ascendieron en importancia mientras que los mercaderes eran considerados una clase inferior.

57. **Gracias a la apertura de muchas nuevas rutas comerciales, se produjeron avances en la medicina china,** con médicos que utilizaban la acupuntura para las lesiones y el tratamiento de enfermedades de forma más parecida a como lo haríamos hoy en día.

58. **La Gran Muralla china se extendió más hacia el oeste** durante esta época para protegerse de las invasiones nómadas de tribus centroasiáticas como **los xiongnu o los hunos,** que amenazaban las fronteras de China.

59. **Las partes más memorables de la Gran Muralla se construyeron durante la dinastía Han.**

60. **La dinastía Han utilizó el sistema decimal** para contar y medir.

61. **¡Los Han también descubrieron las raíces cuadradas y cúbicas!**

62. Del 9 al 23 de la era cristiana, **la dinastía Han fue derrocada por la dinastía Xin.** Después de que la dinastía Han fuera restaurada en 25 d. C., el gobierno Han se llamó Han oriental.

63. La literatura china floreció, con autores como **el historiador Sima Qian y el historiador y poeta Ban Gu.** Sus obras siguen siendo leídas y estudiadas por la gente hoy en día.

64. **Zhang Heng, un famoso astrónomo chino,** observó alrededor de 2.500 estrellas y más de cien constelaciones.

65. **Los artesanos creaban hermosas piezas de cerámica decoradas** con intrincados diseños utilizando esmaltes hechos con minerales encontrados en las laderas de las montañas o en los ríos cercanos.

66. A pesar del estatus social relativamente bajo de los comerciantes, **la clase mercantil consiguió aumentar su riqueza gracias a la gran cantidad de nuevas rutas comerciales.**

67. **En esta época se inventó la fabricación de papel.** Probablemente se fabricaba utilizando fibras de corteza de morera, cáñamo y trapos. La invención del papel revolucionó la comunicación.

68. **Se atribuye a la dinastía Han la invención de los fuegos artificiales,** aunque su diseño difería mucho de las iteraciones posteriores de los fuegos artificiales con pólvora. La gente simplemente calentaba palos de bambú hasta que chisporroteaban y hacían explotar el aire de su interior. Por esta razón, se **les llamaba *baozhu* o «bambú explosivo».**

69. **El emperador Wu creó una universidad imperial donde los alumnos podían estudiar confucianismo,** literatura y otros temas para convertirse en funcionarios instruidos y ocupar cargos en el gobierno.

70. **La dinastía Han empezó a declinar tras la muerte del emperador Ling en 189 d. C.** La inestabilidad creada tras la muerte del emperador acabó provocando el colapso de la dinastía tras unos treinta años de luchas internas.

Periodo de los Tres Reinos
(220-280 d. C.)

Descubra cómo los diferentes reinos lucharon por el control de China y conozca algunas de las figuras legendarias de esta época, como **Cao Cao, Liu Bei y Sun Quan**. ¡Nuestros veinte datos interesantes le mostrarán por qué este periodo sigue siendo recordado hoy en día!

71. **Los Tres Reinos fue una época de caos y guerra en la antigua China,** que duró del 220 al 280 de nuestra era.

72. **El colapso de la dinastía Han Oriental condujo al período de los Tres Reinos,** con señores de la guerra luchando por el control de China.

73. Durante este periodo se formaron tres reinos diferentes: **Cao Wei, Shu Han y Wu Oriental**. Estos reinos ayudaron a establecer cierta apariencia de paz.

74. Muchos **grandes generales** lucharon entre sí por el control de la antigua China. **Cao Cao, Liu Bei y Sun Quan** son sólo algunos ejemplos.

75. **Cao Cao fue un destacado estadista y señor de la guerra durante los últimos años de la dinastía Han.** Como una de las figuras más influyentes del período de los Tres Reinos, utilizó su influencia para crear su propio estado separado llamado Cao Wei (o simplemente Wei), aunque en realidad nunca se declaró emperador.

76. **Liu Bei, otro general de la dinastía Han oriental, creó su propio estado de Shu Han,** que estaba al suroeste del Wei de Cao Cao.

77. Otra figura legendaria del **periodo de los Tres Reinos fue Zhuge Liang**, un estratega increíblemente sabio y consejero del **ejército de Liu Bei.**

78. Más joven que sus rivales Cao Cao y Liu Bei, el tercer caudillo más importante y gobernante del tercero de **los Tres Reinos fue Sun Quan**. Gobernó el sur y el este de China, que se organizaron en **el Reino de Wu.**

79. Finalmente, el destacado **general y político Sima Yi se hizo con el poder y orquestó un golpe de Estado en Cao Wei**, erigiéndose como gobernante de facto del Estado desde 249 hasta 251 antes de fundar su propia dinastía.

80. Muchos **guerreros famosos** se hicieron famosos por su destreza y valentía, ¡como **Guan Yu y Zhang Fei!**

81. **Los Tres Reinos fue un período sangriento**, ¡pero Cao Cao y sus hijos eran en realidad poetas de renombre!

82. En 260 d. C., **el reino de Shu Han fue derrotado por el reino de Cao Wei.** Cao Wei gobernaría hasta la toma de poder de la dinastía Jin en 266 a. C.

83. Muchas grandes batallas tuvieron lugar durante este período. En **la batalla de los Acantilados rojos**, que tuvo lugar unos doce años antes del comienzo del periodo de **los Tres Reinos, Liu Bei y Sun Quan derrotaron al ejército de Cao Cao, mucho más numeroso, con tácticas inteligentes.** Esta batalla ayudó a decidir las fronteras de dos de los tres reinos.

84. **Los Tres Reinos se disputaban el poder** y todos sus gobernantes reclamaban **al mismo tiempo** el Mandato del cielo, **el derecho divino a gobernar.** Aunque cultural y socialmente eran casi idénticos, no hubo una «verdadera» entidad política de China durante esta época.

85. En 263, **cayó el reino de Shu Han. En 266, Sima Yan obligó al gobernante del Reino de Wei a abdicar.** Creó una nueva dinastía llamada Jin y se convirtió en el emperador Wu de Jin.

86. **En 280, los Jin conquistaron Wu del este, unificando toda China bajo un mismo estandarte.**

87. A finales del siglo III, aproximadamente una década después de que toda China hubiera sido unificada, una serie de conflictos internos, conocidos como **la guerra de los Ocho Príncipes**, contribuyeron al **declive de la dinastía Jin.**

88. **La dinastía Jin no mantuvo el control durante mucho tiempo,** pues duró menos de 150 años. La dinastía cayó ante la dinastía Song en el 420.

89. **Dado que los Tres Reinos fue un período muy emocionante,** la época todavía se recuerda hoy en día a través de muchos programas de televisión, películas, libros y juegos de computadora.

90. **Una de las novelas chinas más famosas,** *Romance de los Tres Reinos*, está basada en hechos ocurridos durante este periodo.

Dieciséis Reinos
(304-439 d. C.)

Explore **la fascinante historia de China** durante el periodo de **los Dieciséis Reinos.** Descubra por qué los señores de la guerra luchaban entre sí y, al mismo tiempo, unificaban culturas. **Conozca los poderosos reinos** y descubra cómo terminó este periodo de luchas con estos treinta datos interesantes.

91. **Los Dieciséis Reinos fue una época caótica de la historia china** que duró desde el año 304 hasta el 439 de nuestra era.

92. El periodo de los Dieciséis Reinos es interesante para los historiadores porque **es uno de los primeros conflictos a gran escala de la historia china** que estuvo motivado en gran medida por divisiones étnicas.

93. Comenzó tras el colapso de **la dinastía Jin occidental** y terminó con **la reunificación del norte de China** en 439 por el Wei del norte.

94. **Cuando la dinastía Jin occidental se derrumbó, se estableció la dinastía Jin oriental. Gobernó sobre el sur de China.**

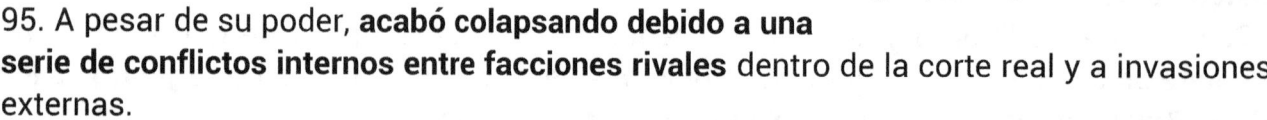

95. A pesar de su poder, **acabó colapsando debido a una serie de conflictos internos entre facciones rivales** dentro de la corte real y a invasiones externas.

96. **En 291 comenzó una serie de guerras conocidas como la guerra de los Ocho Príncipes**. Diferentes príncipes y reyes buscaban el poder sobre la dinastía Jin occidental, lo que debilitó significativamente a la dinastía y permitió que otros reinos se hicieran más poderosos a su costa.

97. **La dinastía Jin occidental es importante** por muchas razones. Por ejemplo, comenzó **la sinización de los pueblos no chinos** que se asentaron en sus tierras. No se trataba de un programa estatal, aunque eso ocurriría más tarde en la **historia china.**

98. Durante el periodo de los Dieciséis Reinos, **China estuvo dividida en varios reinos gobernados por diferentes señores de la guerra**. Estos hombres luchaban constantemente entre sí por el control del territorio y los recursos.

99. Aunque se le llama de **los Dieciséis Reinos**, surgieron más de dieciséis reinos. Algunos reinos eran más fuertes que otros.

100. Algunos historiadores creen que hubo **al menos veintidós entidades políticas «independientes» en China durante este período,** desde provincias más pequeñas hasta imperios a gran escala.

101. **Los estados surgieron y cayeron,** lo que significa que estos reinos no luchaban entre sí todos al mismo tiempo.

102. A pesar de que **cada reino era políticamente independiente,** la base de su cultura y tradiciones era en su mayor parte la misma, aunque circunstancias únicas a veces llevarían al desarrollo de prácticas diferentes.

103. **La inestabilidad política provocó movimientos masivos de población dentro de China,** ya que la gente buscaba refugio de los conflictos entre los estados beligerantes.

104. **Sima Yan, el fundador de la dinastía Jin,** tenía fama de otorgar mucho poder a los miembros de su familia, algo que en última instancia contribuyó al estallido de **la guerra de los Ocho Príncipes.**

105. **Hubo muchos grandes estrategas militares durante** esta época. **Shi Le,** que una vez fue esclavo, ascendió hasta convertirse en el líder de su propia dinastía, **la Zhou posterior.** Aunque **se le considera una mente militar brillante,** fue innecesariamente cruel en sus campañas.

106. **El confucianismo siguió siendo una filosofía esencial durante esta época.**

107. **El budismo también se extendió durante este periodo.** Se construyeron muchos monasterios en diversas ciudades de China.

108. **Yao Xing, gobernante de la dinastía Qin posterior, era un devoto budista.** Durante su reinado, el budismo recibió apoyo oficial del Estado por primera vez en China.

109. **Las primeras grutas (o cuevas) budistas** fueron talladas durante este periodo. Se cree que **había más de mil cuevas en el sistema de cuevas de Mogao.** En la actualidad, hay más de setecientas cuevas de Mogao. Las construidas durante los Dieciséis Reinos se han perdido en su mayor parte.

110. A pesar de su inestabilidad política, **los Dieciséis Reinos fue una época importante para la cultura china**, ya que reunió a diferentes culturas y permitió a la gente intercambiar ideas.

111. **Cui Hong, historiador del siglo VI, fue el primero en utilizar el término «Dieciséis Reinos» en sus escritos.**

112. **Un factor** que contribuyó **al colapso de la dinastía Jin occidental fue la inmigración de los clanes de los «Cinco bárbaros»,** que llegaron al norte de China a finales de la dinastía Han Oriental. Finalmente, participaron en el derrocamiento de los Jin y organizaron sus propios estados.

113. Procedentes en su mayoría de la actual Mongolia y Asia central, **las tribus de los Cinco bárbaros no eran étnicamente chinas y llevaban un estilo de vida nómada.**

114. **Estos pueblos no chinos acabarían adoptando parcialmente las costumbres y tradiciones chinas,** especialmente en lo que se refiere a la administración y el gobierno.

115. La literatura de este periodo incluye las obras de **Tao Yuanming, un renombrado poeta también conocido como Tao Qian.** Escribió sobre la vida cotidiana en su provincia natal de Fujian.

116. Entre los reinos recién establecidos, el único que fue capaz de unificar una porción significativa de tierra durante más tiempo fue **el Wei del norte, fundado por el pueblo Tuoba en el año 386 de la era cristiana.**

117. Curiosamente, debido a que muchos de **los clanes extranjeros recién llegados abrazaron el budismo**, éste se extendió como una religión prominente en todo el norte de China durante este período.

118. **El Wei del norte eligió Luoyang como capital. Habiendo servido como antigua capital imperial,** esta elección fue consciente, demostrando la voluntad de los Tuoba de legitimarse y asimilarse en la cultura y el pueblo chinos.

119. **Culturalmente, este periodo de agitación no fue del todo estancado como cabría esperar.** El descubrimiento de estatuas de terracota datadas en los Dieciséis Reinos así lo demuestra.

120. **Una famosa batalla de esta época fue la del río Fei,** en la que dos ejércitos se enfrentaron en orillas opuestas de un río cerca de la actual Hefei.

El periodo de las dinastías del norte y del sur
(420-589 d. C.)

Explore con nosotros **la rica historia de las dinastías del norte y del sur**. Este capítulo aborda veinte hechos asombrosos sobre esta época. Aunque **fue otra época caótica de la historia**, también fue testigo del auge de las artes. **Descubra cómo la religión, el comercio y la guerra moldearon la cultura de esta época** y cómo grandes generales y poetas dejaron su huella en la historia china.

121. **Las dinastías del norte y del sur** vieron cómo el norte y el sur de China se separaban en dos reinos distintos.

122. **El norte de China acogió a los Wei del norte**, que más tarde se dividieron en Wei del este y Wei del oeste. **Qi del norte y Zhou del norte** llegarían al final de este periodo.

123. **En el sur de China surgieron Liu Song**, Qi del sur, Liang y Chen. Estos reinos no coexistieron entre sí.

124. **A pesar de ser rivales desde el principio, ninguna de las dinastías del norte y del sur consiguió erigirse como la entidad más poderosa de China.**

125. **Durante este periodo, el budismo creció en popularidad. El daoísmo** (o taoísmo) también fue abrazado por el pueblo.

126. **Durante esta época se construyeron muchos templos budistas.** Algunos de estos templos aún existen, como **el Templo Shaolin en** la provincia de Henan o **las Grutas de Yungang** cerca de Datong en la provincia de Shanxi.

127. **En algunas zonas del norte de China existían monasterios budistas.** Allí, los monjes enseñaban a los demás sobre su religión a la vez que **proporcionaban atención médica**, educación y otras formas de ayuda humanitaria.

128. **Durante este periodo, la pintura y la escultura,** en las que a veces aparecían Budas, ocuparon un lugar destacado.

129. **Los poetas escribieron hermosas obras sobre la naturaleza** inspirados por la belleza que veían mientras viajaban por las zonas rurales de toda China. **Yu Xin y Wei Shou** son algunos ejemplos notables.

130. **El emperador Wu de Liang**, que gobernó en la primera mitad del siglo VI, fue un notable mecenas de las artes.

131. **Se dedicó a muchas formas de arte,** sobre todo a la música y a la caligrafía, que se había convertido en una forma de arte muy respetable.

132. **Las familias prominentes dominaban las luchas de poder en las dinastías del sur**, gracias en parte a los poderes atribuidos en el pasado por Cao Cao a los clanes familiares.

133. **La Ruta de la seda seguía siendo una parte esencial de la economía**, ya que permitía a los mercaderes transportar mercancías de China a Europa con relativa facilidad. Esto dio lugar a intercambios culturales entre diferentes países, lo que ayudó a difundir el conocimiento sobre tierras extranjeras.

134. **Se hicieron avances en matemáticas,** como calcular pi con más precisión o desarrollar nuevos métodos para resolver ecuaciones algebraicas.

135. **En las dinastías del norte y del sur se introdujeron nuevos sistemas de tributación,** acuñación de monedas y divisas.

136. **El periodo fue testigo de un aumento significativo en el comercio con otros países,** lo que ayudó a fortalecer la economía china a través del aumento de la riqueza y los recursos importados del extranjero.

137. Al igual que en periodos anteriores, **el poder principal estaba en manos de generales y señores de la guerra,** que utilizaban la lealtad de sus tropas para ascender al poder y establecer sus propios dominios.

138. Durante este periodo, los pueblos **no Han (étnicamente chinos)** que habían emigrado al norte de China y que más tarde habían ascendido al poder, como **los xianbei y los tuoba,** se fueron asimilando cada vez más a la cultura china para ser más aptos para gobernar a sus súbditos chinos.

139. **Las pinturas de paisajes se hicieron muy populares en China** debido a sus vivos colores y excelentes pinceladas, capturando la belleza de la naturaleza con gran detalle.

140. **Las dinastías del norte y del sur terminaron después de que el emperador Wen de la dinastía Sui se declarara gobernante de toda China,** unificando tanto la parte norte como la sur bajo su reinado en 589.

Dinastía Sui
(581-618 d. C.)

Este capítulo **explora la fascinante dinastía Sui**, que duró de 581 a 618 de nuestra era. Examinaremos una serie de datos interesantes sobre el periodo y sus figuras clave, como el **emperador Wen y su hijo Yang Guang**. También veremos aspectos de la **cultura china** y cómo influyeron en la siguiente dinastía, la famosa dinastía Tang.

141. **La dinastía Sui fue una dinastía imperial china** que duró poco tiempo, de 581 a 618 de nuestra era.

142. **Yang Jian, que adoptó el nombre de emperador Wen,** fundó la dinastía y más tarde se convirtió en su primer emperador.

143. Durante este período, **se construyeron proyectos de infraestructura esenciales,** como canales, carreteras y puentes, para ayudar a expandir el transporte y el comercio en China.

144. **Para construir estos proyectos, el gobierno Sui reclutó trabajadores.** Esta medida provocó tensiones, ya que el pueblo tuvo que hacer frente al reclutamiento y a los elevados impuestos.

145. **El emperador Wen mejoró la educación durante su reinado** mediante la introducción de un sistema nacional de exámenes de servicio civil, que ayudó a las personas a obtener puestos de trabajo en el gobierno con base en sus habilidades en lugar de las conexiones familiares o la riqueza.

146. **Uno de los logros más notables de esta época fue el Gran Canal**. Unió el norte y el sur de China, ayudando a unificar el país.

147. Durante la dinastía Sui se repararon secciones de la Gran Muralla para proporcionar más seguridad a la parte norte de China.

148. **La dinastía Sui promovió el budismo a lo largo de su reinado**, y las escuelas chinas de pensamiento budista adquirieron mayor prominencia. Se cree que el florecimiento del budismo permitió que la cultura china resurgiera más fuerte que nunca.

149. **Al emperador Wen lo sucedió su hijo Yang Guang (emperador Yang),** que comenzó a gobernar en el año 604 de la era cristiana. **El emperador Yang era conocido por su extravagancia** y fastuoso estilo de vida, lo que debilitó significativamente las finanzas de la dinastía.

150. **Japón era un fuerte socio comercial de la dinastía Sui**, mientras que Corea y Vietnam se encontraban entre los dos principales enemigos externos de China en aquella época.

151. En el año 617 **de la era cristiana, el general Li Yuan lideró con éxito un golpe de estado contra el emperador Yang debido a la ira por los altos impuestos,** lo que finalmente resultó en el derrocamiento de la dinastía Sui a favor de la dinastía Tang, comenzando una nueva era de prosperidad bajo su gobierno.

152. Durante este período, **la cultura china floreció con la pintura, la música y la literatura.**

153. Curiosamente, el último emperador **Sui y sucesor del emperador Wen, Yang Guang, fue también uno de los poetas más renombrados de este periodo.**

154. **El emperador Wen, que dedicó muchos fondos al ejército,** consiguió reunir una fuerza de varios cientos de miles de hombres y los hizo marchar a la batalla contra los Chen en el río Yangtsé.

155. **Las campañas militares Sui contra Vietnam tuvieron un éxito parcial**. Se retomó el norte de Vietnam (que había estado bajo el control de los chinos durante las dinastías Han y Jin), pero se abandonaron los avances hacia el sur debido a las dificultades que encontraron los ejércitos chinos.

156. A pesar de la relativa brevedad del reinado de **la dinastía Sui**, ésta hizo muchas contribuciones duraderas que dieron forma a China, como **el Código Kaihuang.** Este código legal se deshizo de los castigos más severos y los sustituyó por castigos más aceptados por el pueblo. Estos castigos son duros para los estándares actuales, ¡pero ser desterrado o golpeado con un gran palo suena mucho mejor que ser desgarrado miembro por miembro!

157. **La dinastía Tang no cambió mucho de lo que había establecido la dinastía Sui.** Por ejemplo, los gobernantes Tang basaron sus leyes en el Código Kaihuang.

158. **Los ambiciosos y fastuosos empeños de los emperadores Sui acabaron por mermar enormemente las finanzas de la dinastía,** contribuyendo a su relativamente rápido declive.

159. **La guerra con el reino coreano de Goguryeo fue mortal.** Ninguna de las cuatro expediciones que lanzaron los Sui terminó con éxito.

160. **La caída de la dinastía Sui marcó el final de un breve** pero influyente periodo que ayudó a moldear el futuro de China, especialmente en lo referente a la cultura y la religión.

Dinastía Tang
(618-907 d. C.)

La dinastía Tang se considera una de las más conocidas de China. En ella florecieron la cultura y los avances tecnológicos. Puede que le sorprenda saber lo que se descubrió durante esta época, ¡y puede que le sorprenda aún más saber que **todavía utilizamos muchos de esos inventos!**

161. **La dinastía Tang comenzó en el año 618 y terminó en el 907 de nuestra era.** Hubo una breve pausa en el imperio, que duró de 690 a 705.

162. **Durante la dinastía Tang, la cultura china floreció** con avances como la imprenta, una forma de papel moneda, y la creación de la pólvora.

163. **La capital durante este periodo fue Chang'an** (actualmente conocida como Xi'an).

164. **Uno de los grandes gobernantes de la dinastía fue el emperador Taizong.** Sus reformas y logros aumentaron la prosperidad y estabilidad de China durante su reinado, que duró desde 626 hasta 649.

165. **La dinastía Tang es conocida como la edad de oro budista.** Aunque la mayoría de los emperadores eran daoístas, apoyaban en gran medida el budismo, y el gobierno tenía el control de los monasterios.

166. **Las mujeres adquirieron más derechos que antes.** Podían participar en debates políticos y ya no estaban obligadas a llevar vestidos largos ni a cubrirse la cara.

167. **El relativo periodo de estabilidad bajo los Tang hizo que las rutas comerciales de la Ruta de la seda fueran mucho más activas,** estableciéndose y manteniéndose rutas más fiables.

168. **El poeta más famoso de la dinastía Tang fue Li Bai,** que escribió sobre el patriotismo y la naturaleza de forma espiritual.

169. **La dinastía Tang alcanzó su edad de oro con el emperador Xuanzong** (685-762), marcada por la estabilidad y la prosperidad económica y política.

170. **El emperador Xuanzong también fue admirado por su mecenazgo de las artes y la educación,** lo que atrajo a muchos poetas, filósofos y artistas a su corte.

171. A diferencia del pasado, **la Gran Muralla china no se extendió** en gran longitud durante la dinastía Tang

172. **El budismo comenzó a ser utilizado con fines políticos por gobernantes como la emperatriz Wu Zetian,** que se declaró una gobernante iluminada apoyada en la doctrina budista.

173. Para afirmar su dominio, **Wu Zetian introdujo nuevos caracteres durante un breve periodo de tiempo en la lengua escrita,** aunque los cambios se revirtieron tras su muerte.

174. **La dinastía Tang vio cómo se popularizaba un precursor de la ópera china llamado *canjunxi*.** El *canjunxi* se originó a partir de la música folclórica, y más tarde el *canjunxi* contaba historias concisas.

175. **La invención de la pólvora se atribuye a monjes y alquimistas chinos durante este periodo**. Se cree que la pólvora se inventó alrededor del año 850. Finalmente se extendió a Europa a través de los contactos con los mercaderes de la Ruta de la seda.

176. **El té se hizo popular entre todas las clases sociales** por sus propiedades medicinales y se exportó al extranjero, hasta Japón.

177. **La dinastía Tang es conocida por sus cerámicas,** muchas de las cuales se han encontrado en yacimientos arqueológicos de todo el mundo.

178. **Las artes marciales, como el kung fu Shaolin, despegaron durante esta época**. Las artes marciales se practicaban por sus beneficios para la salud y con fines autodefensivos.

179. **La población aumentó significativamente a lo largo de la dinastía,** pasando de unos cincuenta millones de personas en sus inicios a quizás unos setenta y cinco millones hacia el año 900 de nuestra era.

180. **El uso de paraguas se hizo más común durante la dinastía Tang.** La gente los utilizaba para proteger su ropa de la lluvia, pero los paraguas también se utilizaban para proporcionar sombra del sol.

181. **La pintura floreció con artistas notables, como Wu Daozi y Zhang Xuan,** pintando sobre seda, tablas de madera, paredes y techos.

182. **El recién establecido Sistema Imperial de Exámenes se amplió y utilizó más comúnmente durante la época Tang**, contribuyendo a la creación de una nueva clase de élites gobernantes. Aun así, como el sistema era todavía relativamente nuevo, los funcionarios chinos tardaron un poco en adaptarse a él.

183. **Las tortitas se hicieron muy populares durante la dinastía Tang.** Comer ternera, en cambio, estaba desaconsejado.

184. **El primer misionero cristiano del que se tiene constancia llegó a China en el año 635.**

185. **Los eunucos se convirtieron en figuras notables en la corte debido a su cercanía al emperador,** llegando algunos a tener una influencia significativa en las decisiones políticas.

186. **La estabilidad y el florecimiento de las rutas comerciales de la Ruta de la seda** permitieron que nuevos productos, prácticas y modas entraran en China por primera vez tras una larga época de agitación.

187. **Las rutas comerciales nacionales también se desarrollaron,** gracias a las reparaciones realizadas en el Gran Canal.

188. **La dinastía Tang fue un periodo de gran intercambio cultural**, con muchos diplomáticos, comerciantes y misioneros extranjeros procedentes de lugares tan lejanos como Japón, India y Persia que trajeron sus ideas y creencias a China.

189. **El establecimiento de relaciones diplomáticas con otras naciones como Corea propició el aumento del comercio entre ellas,** como la exportación de paños de seda o lacados.

190. Aunque **la dinastía Tang lanzó campañas militares,** no tuvieron tanto éxito como las dinastías anteriores.

El periodo de las Cinco Dinastías y los Diez Reinos (907-960 d. C.)

Pasemos de **la edad de oro de la dinastía Tang** a otra época caótica de la historia china. Descubra quince datos fascinantes sobre **el periodo de las Cinco Dinastías y los Diez Reinos**.

191. **El periodo de las Cinco Dinastías y los Diez Reinos** fue una época de fragmentación política en China, que duró de 907 a 960 de nuestra era.

192. **Durante este periodo, cinco dinastías gobernaron el norte de China** una tras otra, y más de **doce reinos independientes** (conocidos en conjunto como los Diez Reinos) gobernaron el sur, a menudo al mismo tiempo.

193. **Todas estas entidades políticas basaron sus estructuras políticas en la dinastía Tang precedente.**

194. Aunque fue una época caótica, **el budismo se siguió promoviendo,** especialmente en el sur.

195. **Se podría suponer que la economía decayó, ya que China se enfrentaba a guerras internas, ¡pero en realidad experimentó un crecimiento económico!**

196. Las Cinco Dinastías del norte fueron Liang posterior, Tang posterior, Xin posterior, Han posterior y Zhou posterior.

197. **Todas ellas se sucedieron** entre 907 y 960, ocupando el mismo territorio y plagadas de inestabilidad y guerras.

198. **El período de las Cinco Dinastías y los Diez Reinos** terminó en 960, cuando la dinastía Song unificó China bajo un solo gobierno.

199. **Los Diez Reinos,** por su parte, estaban situados en la parte meridional de China. Incluían a **Yang Wu** (907-937), **Wuyue** (907-978), **Min** (909-945), **Ma Chu** (907-951), **Han del sur** (917-971), **Shu Anterior** (907-925), **Shu Posterior** (934-965), **Jingnan** (924-963), **Tang del sur** (937-976) y **Han del norte** (951-979).

200. A diferencia de **las Cinco Dinastías** del norte, algunos de **los Diez Reinos** existieron juntos durante breves periodos de tiempo, solapándose unos con otros.

201. Debido a esto, se considera que **el sur de China fue mucho más estable** que el norte durante este periodo.

202. Entre los artistas destacados de este periodo se encuentran **Li Cheng y Xu Xi**, cuyos estilos artísticos ponen un gran énfasis en la representación de la naturaleza como entidad sagrada.

203. **Este período de división en el norte terminó con la reunificación del norte de China por la dinastía Song** en 960.

204. **Las graves divisiones políticas entre el norte y el sur se expresaron en el desarrollo de fuertes identidades regionales,** algunas de las cuales perdurarían durante largos periodos de tiempo.

205. **El periodo de las Cinco Dinastías y los Diez Reinos** es otro ejemplo de una época de fuerte división política en China, que ejemplifica la naturaleza cíclica de la historia china.

Dinastía Liao
(907-1125 d. C.)

La dinastía Liao coexistió con las Cinco Dinastías y los Diez Reinos, así como con la dinastía Song, lo que le valió un lugar en los libros de historia. Esta sección **explorará la historia y la cultura de este intrigante imperio** a través de veinte hechos sorprendentes.

206. **La dinastía Liao fue fundada por el pueblo Khitan** en 907 y duró hasta 1125.

207. En su apogeo, **la dinastía gobernó el norte de China, Mongolia,** el norte de Corea y partes de Rusia.

208. **Los khitan procedían de las estepas de Mongolia.** Se expandieron en el siglo IX y acabaron declarándose un estado dinástico de China.

209. **Los chinos conocían a los khitan desde hacía siglos.** Su primera mención en las fuentes chinas aparece en *el Libro de Wei,* que se terminó en el siglo VI.

210. **El budismo era la religión más popular,** aunque la religión Liao mezclaba el budismo con la religión tribal, el **confucianismo** y el **daoísmo.**

211. **Los Liao tenían un fuerte ejército con unidades de caballería que protegían sus fronteras de los invasores,** como la dinastía Song al sur o las tribus nómadas de Asia central.

212. **Su economía dependía en gran medida del comercio a lo largo de las rutas de la Ruta de la seda,** que les conectaba con otras culturas de toda Eurasia.

213. **Desarrollaron un sistema de escritura conocido como minúscula khitana,** que les permitía llevar un registro de los impuestos o las leyes aprobadas por los gobernantes.

214. Si hay una escritura pequeña, tiene que haber una escritura grande. Ambas **escrituras khitanas se basaban en la escritura china.**

215. **Los emperadores Liao sabían leer chino,** lo que probablemente les resultó útil. **Algunas obras chinas se tradujeron al kitán,** pero no se sabe con certeza cuáles. Es probable que nunca se tradujeran los clásicos confucianos.

216. **Las mujeres khitanas gozaban de mayores libertades.** Por ejemplo, se les enseñaba a cazar e incluso podían administrar propiedades cuando sus maridos estaban ausentes.

217. **El arte de la dinastía Liao era variado,** pero la dinastía es más recordada por sus esculturas.

218. **Nadie sabe con certeza de dónde procede el término Liao.** Algunos creen que podría provenir de la palabra khitana para hierro.

219. **La dinastía Liao podría haber utilizado armas de pólvora en las batallas.**

220. El posterior **imperio Liao es recordado por su tolerancia religiosa** y su apertura a diferentes culturas.

221. **La administración en las tierras controladas por la dinastía Liao se dividió en dos.** Una parte se centraba en **la población khitana**, que se concentraba principalmente en la parte norte del imperio, mientras que la del sur se centraba en **la población china Han.**

222. **El ejército de los Liao estaba dividido en diferentes secciones.** El cuerpo más elitista estaba compuesto por caballería pesada khitana, mientras que los chinos étnicos solían ser la milicia.

223. **La dinastía Liao no tenía una presencia naval significativa.** En su lugar, dependía de los ejércitos terrestres para defenderse de los enemigos.

224. **En 1125, la dinastía Liao fue conquistada por los jurchens,** que fundaron en su lugar la dinastía Jin.

225. **Tras la caída de la dinastía en 1125, algunos de sus territorios fueron absorbidos por la dinastía Song o Jin**, mientras que otros se convirtieron en estados independientes gobernados por tribus nómadas de Asia central, como Qara Khitai.

Dinastía Song
(960-1279 d. C.)

Este capítulo explorará **la increíble historia de la dinastía Song, uno de los periodos más prósperos de la historia china**. Examinaremos sus avances en tecnología y arte para ver cómo su cultura sigue siendo influyente hoy en día.

226. **La dinastía Song duró de 960 a 1279 y se divide en dos periodos: Song del norte y Song del sur.** La dinastía Song del sur se fundó en 1127 y duró hasta 1279.

227. **Zhao Kuangyin** (más tarde conocido como **emperador Taizu) funda la dinastía Song** tras dar un golpe de estado para acabar con **la dinastía Zhou posterior**, que fue la última de las Cinco Dinastías.

228. **China vivió uno de sus periodos más prósperos durante la dinastía Song,** con avances en ciencia y tecnología. La población aumentó drásticamente y las artes florecieron.

229. **La primera fórmula química de la pólvora de la que se tiene constancia data de este periodo,** lo que hizo que se utilizaran nuevas armas como cañones y armas de fuego para la guerra.

230. **Kaifeng fue la capital de los Song del norte durante este periodo.** Estaba situada a orillas del río Amarillo. **La capital de los Song del sur era Lin'an** (la actual Hangzhou).

231. **La dinastía Song fue la primera dinastía china en establecer una armada permanente,** lo que le permitió emerger como una poderosa potencia marítima.

232. **El neoconfucianismo surgió como una filosofía influyente,** que hacía hincapié en la moralidad personal por encima de la política o la religión. **Los neoconfucianistas querían recuperar el confucianismo de antaño**, ya que la filosofía se había mezclado con otras religiones a lo largo de los siglos.

233. **El norte verdadero se descubrió por primera vez utilizando una brújula.**

234. Se realizaron importantes avances en materia de saneamiento e higiene urbana. Por ejemplo, **la dinastía Song construyó baños públicos gratuitos en las grandes ciudades.**

235. **En realidad, estos baños públicos vendían materia fecal a los granjeros.** ¡Las granjas utilizaban las cacas como abono!

236. **Las mujeres seguían estando por debajo de los hombres en la escala social,** pero se les concedieron más derechos que antes. En circunstancias especiales, una mujer podía ser propietaria de parte de los bienes de su padre si éste moría.

237. **El vendaje de los pies se hizo popular entre las mujeres de clase alta** que querían tener los pies más pequeños, ya que se consideraba que eran más elegantes.

238. **La dinastía Song fue la primera en inventar una imprenta móvil.** Las piezas móviles estaban hechas de porcelana.

239. **Astrónomos como Su Song crearon nuevos catálogos de estrellas.** También inventó una esfera armilar accionada por agua, que seguía con precisión los movimientos celestes a lo largo del tiempo.

240. **La dinastía Song introdujo la brújula de marinos,** que permitía a los marineros navegar con mayor precisión.

241. Durante este periodo, la literatura china floreció con poetas famosos como **Su Shi, que escribió sobre sus viajes por China, y Li Qingzhao, que escribió poemas románticos** sobre el amor y la naturaleza.

242. **El arte de esta época incluía paisajes y retratos. La caligrafía fue otra importante forma de arte** durante la dinastía Song.

243. **Esta dinastía vio un crecimiento en el comercio con otros países** como Japón y Corea a través de su ciudad portuaria Quanzhou (entonces conocida como Zaiton).

244. **La porcelana china se hizo popular en todo el mundo** debido a su alta calidad y sus intrincados diseños.

245. **El consumo de té era popular durante esta época,** ya que era una forma de socializar con amigos o familiares a través de ceremonias de té.

246. **En esta dinastía aumentaron las tasas de alfabetización entre hombres y mujeres** debido a la mejora de los sistemas educativos en toda China.

247. **El Lago del oeste de Hangzhou fue una de las atracciones turísticas más famosas durante esta época**, ¡y aún existe hoy en día! Ha sido elogiado por muchos poetas a lo largo de la historia por su belleza y tranquilidad.

248. **El Xiangqi, que es una versión china del ajedrez, y el juego de mesa Go se hicieron populares.** Estos juegos se jugaban de forma recreativa y competitiva.

249. Después de que una serie de rivalidades políticas debilitaran a los Song del norte en el siglo XI, **éstos fueron derrocados por los Jurchen, que establecerían la dinastía Jin en 1127.**

250. **El Imperio mongol acabó conquistando la dinastía Song del sur** en 1279, poniendo fin a su dominio sobre China. Sin embargo, muchos de sus inventos, ideas y cultura siguen siendo influyentes hasta nuestros días.

Dinastía Jin
(1115-1234 d. C.)

La dinastía Jin relevó a la dinastía Song del Norte en 1115 y duró 119 años, hasta 1234. **Conozca cómo se desarrolló la cultura y cómo se desmoronó finalmente la dinastía Jin** con estos veinte datos.

251. **La dinastía Jin fue fundada por el pueblo** *Jurchen* en 1115 d. C.

252. **Los** *jurchen* **eran tribus que vivían en el noreste de China.** Se unificaron bajo Wanyan Aguda, que se convirtió en el emperador Taizu de la dinastía Jin.

253. **El emperador Taizu de Jin unificó el norte de China tras derrotar a los caudillos rivales y establecer un fuerte gobierno central.**

254. **Trasladó su capital de Huining a Yanjing** (actual Pekín) en 1153. También creó una capital en el sur, Bianjing (actual Kaifeng).

255. **Tras su conquista, unos tres millones de** *jurchen* **emigraron a China. Aunque eran minoría,** gobernaban a la población china del imperio, que los superaba en número en una proporción de diez a uno.

256. **Tras haber derrotado a los Song del Norte, la dinastía Jin eligió la tierra como elemento dinástico.** Según la práctica **de los cinco elementos de la cultura china,** la tierra viene después del fuego (el elemento que se asociaba con los Song), por lo que esta elección fue deliberada y simbólica.

257. **A la dinastía Jin se le atribuye la creación de un sistema monetario** unificado mediante la introducción del papel moneda en 1160, en sustitución de las varias monedas.

258. **La dinastía Jin se desarrolló de forma diferente a la dinastía Song del sur.** Esto se debió principalmente a que los dos imperios no se comunicaban entre sí y eran rivales.

259. **Los Jin fueron conocidos por ser los primeros en utilizar la pólvora de forma efectiva en la guerra,** aunque no ganaron la batalla.

260. **La dinastía Jin amplió la Gran Muralla China, aunque las partes de la muralla que construyó eran diferentes.** Excavaban una zanja y luego construían un muro dentro de ella.

261. **Bajo los Jin, el daoísmo sufrió grandes transformaciones,** creciendo como religión, fundándose **la dominante Escuela Quanzhen** en la década de 1160.

262. **El emperador Shizong (1161-1189) promovió las tradiciones *jurchen*.** Declaró que los funcionarios del gobierno debían hablar en *jurchen* en lugar de en chino.

263. **Los emperadores de la dinastía Jin tenían dos nombres.** El primero era su nombre *jurchen*, pero también adoptaron nombres chinos y recibieron títulos póstumos.

264. **El poderoso ejército de la dinastía Jin estaba compuesto en gran parte por guerreros a caballo,** algo relacionado con los orígenes de los *jurchen*.

265. **A pesar de su fuerza en tierra, la dinastía Jin sufrió pérdidas catastróficas en el mar,** y su armada fue derrotada en múltiples ocasiones por los ejércitos Song.

266. **El gobierno de los Jin,** al igual que los anteriores gobernantes no chinos, **trató de adoptar las costumbres y formas de gobierno chinas** mientras intentaba combinarlas con las tradiciones *jurchen*.

267. Debido a disputas políticas internas, **la dinastía Jin decayó drásticamente tras haber sufrido derrotas militares a manos de los Song** a finales del siglo XII.

268. En el siglo XIII, **el emperador Xuanzong decidió atacar a los Song del sur para afirmar su dominio, pero fue derrotado**, al igual que sus antepasados medio siglo antes. Esto contribuyó aún más a la decadencia de la dinastía Jin.

269. En 1211 d. C., **Gengis Khan invadió el norte de China y capturó Yanjing** en 1215, **obligando a la corte Jin a exiliarse en Manchuria.**

270. **La dinastía Song del Sur ayudó a los mongoles a derrocar a la dinastía Jin,** que llegó a su fin en 1234.

Dinastía Yuan
(1271-1368 d. C.)

La dinastía Yuan es notable por muchas razones. Una de ellas son las visitas de Marco Polo a China. Explore las diferencias entre el **dominio mongol** y las dinastías anteriores y descubra cómo esta dinastía llegó a su inevitable fin.

271. **La dinastía Yuan fue la primera dinastía extranjera que gobernó toda China.**

272. **Fue fundada por Kublai Khan, líder del Imperio mongol y nieto de Gengis Khan.**

273. La cultura china floreció en muchos ámbitos. **Los cuatro maestros de Yuan fueron famosos por sus obras de arte**, y los artistas posteriores trataron de emular su estilo.

274. **Marco Polo visitó China durante este periodo** y contó sus viajes a un compañero de prisión. **Rustichello da Pisa escribió el famoso libro *Los viajes de Marco Polo***, que contribuyó a difundir el conocimiento chino por toda Europa.

275. Aunque **los relatos de *Los viajes de Marco Polo* son interesantes,** también son fantásticos. Algunos historiadores creen que Marco Polo podría no haber pisado nunca China.

276. **La capital de la dinastía Yuan era Dadu** (actual Pekín). Fue la primera vez que Pekín fue la capital de toda China.

277. **Los mongoles intentaron llevar su papel moneda a lugares fuera de China,** pero era visto como extranjero, por lo que la gente no confiaba en él.

278. **La dinastía Yuan apoyaba el budismo y el confucianismo, aunque se practicaban muchas religiones,** entre ellas el cristianismo y el islam.

279. **Como la dinastía Yuan era tolerante con la mayoría de las religiones,** el número de musulmanes en China aumentó significativamente.

280. **Los ejércitos utilizaban mucho las armas de pólvora.** Los mongoles utilizaban bombas y cañones para luchar contra sus enemigos.

281. **Kublai Khan promovió el crecimiento de la Ruta de la seda y concedió préstamos para financiar las caravanas comerciales,** lo que permitió que la economía prosperara.

282. **Las zanahorias, los nabos y el algodón fueron algunas de las cosas que se hicieron populares durante esta dinastía.**

283. **La Gran Muralla China fue reparada y ampliada por soldados mongoles.**

284. **El consumo de té se hizo popular** entre los habitantes de China, estableciéndose casas de té en ciudades como Pekín y Hangzhou.

285. **La mayoría de las obras se seguían imprimiendo con caracteres de imprenta,** pero algunas se imprimían con tipos móviles. **Los mongoles imprimieron muchos libros,** brindando muchas fuentes para examinar hoy en día.

286. **La dinastía Yuan fue la primera en utilizar el ábaco para realizar cálculos en China.**

287. **La lengua mongola nunca reemplazó totalmente al chino.** De hecho, la mayoría de las escrituras de este periodo están escritas en ambas lenguas.

288. **La dinastía Yuan introdujo un nuevo sistema de escritura llamado «escritura *Phagspa*».** Este sistema pretendía unificar todas las tierras conquistadas por los mongoles.

289. **A pesar de la fuerza del ejército mongol de la época, Kublai Khan fue incapaz de conquistar Japón.** Sus invasiones de 1274 y 1281 fracasaron. Los japoneses detuvieron parcialmente a los mongoles, pero las fuertes tormentas y las condiciones desfavorables en el mar les crearon más problemas y contribuyeron a su derrota.

290. **Los problemas internos y los desastres naturales llevaron a la dinastía Yuan a la decadencia.** Cuando estalló la Rebelión de los Turbantes Rojos, los gobernantes Yuan no tuvieron la fuerza suficiente para defenderse.

Dinastía Ming
(1368-1644 d. C.)

Es hora de explorar otra época emblemática de la historia china: la dinastía Ming. A continuación, se presentan datos sobre **Zheng He, la religión y el armamento**. La dinastía Ming es conocida por sus aportes culturales; ¡descubra por qué!

291. **La dinastía Ming fue la cuarta dinastía más larga de la historia china,** se mantuvo desde el 1368 hasta el 1644 de nuestra era.

292. **Fue fundada por el líder rebelde campesino Zhu Yuanzhang.** Más tarde, **Hongwu se autoproclamó emperador** y estableció **la capital en Nanjing** en 1368.

293. **Los primeros años de la dinastía Ming estuvieron marcados por las reformas,** incluyendo la distribución de la tierra, la reducción de impuestos y la supresión de las familias poderosas.

294. **Entre los grandes logros alcanzados por la dinastía Ming destacan los avances en la construcción naval y en la tecnología de la navegación, que permitieron varias exploraciones.** La más notable de ellas fueron los viajes de Zheng He al sudeste asiático, Oriente Medio y África entre 1405 y 1433.

295. **La población china aumentó radicalmente durante el gobierno de esta dinastía.** Es difícil saber las cifras exactas, ya que el número de población de este período no es exacto, pero algunos historiadores creen que alrededor de **doscientos millones de personas vivían en China.**

296. El cepillo de dientes moderno de cerdas se inventó en China en 1498.

297. **La famosa ciudad prohibida de Pekín se construyó durante la dinastía Ming.** La ciudad prohibida vio sentarse en su trono a veinticuatro emperadores a lo largo de quinientos años.

298. **Los artesanos chinos eran conocidos por utilizar colores vivos** y diseños intrincados, como las porcelanas azules y blancas por las que es conocida esta época.

299. **El budismo, el daoísmo y el confucianismo fueron las tres religiones/filosofías más importantes durante esta época.** Las religiones populares chinas también eran practicadas por el pueblo.

300. **El *Yongle Dadian*, una enciclopedia, contenía miles de volúmenes de todas las áreas de estudio.** La mayoría de los volúmenes se perdieron, pero era considerada la enciclopedia más grande del mundo hasta que llegó Wikipedia.

301. **Las armas de pólvora se utilizaron con frecuencia y se desarrollaron a pasos enormes.** A finales de la dinastía Ming, las armas de fuego de estilo europeo eran populares.

302. En este periodo surgieron grandes obras literarias. **Autores como Feng Menglong escribieron historias sobre gente corriente.** Los temas sociales adquirieron un rol central en los poemas y relatos de esta dinastía.

303. **El Gran Canal fue ampliado y enlazado con vías fluviales naturales,** permitiendo una ruta de comercio marítimo de Pekín a Hangzhou.

304. **El neoconfucianismo se hizo muy popular durante la dinastía Ming,** aunque más tarde se enfrentó al escrutinio. Algunos eruditos, como **Wang Yangming, creían que las personas que no habían experimentado el mundo real no eran tan sabias como las que sí lo habían hecho,** afirmando que los campesinos con experiencia empírica eran más sabios que los funcionarios.

305. Esta dinastía también conoció algunas obras literarias famosas, como *Viaje al oeste* y posiblemente *Margen de agua*.

306. **Las formas tradicionales de teatro eran admiradas por todas las clases,** siendo las óperas de marionetas una forma de entretenimiento particularmente admirada.

307. **La dinastía Ming promulgó leyes suntuarias, que intentaban bajar lo que compraba la gente.** Por ejemplo, los mercaderes y los plebeyos no podían vestir de seda.

308. **Al principio de la dinastía Ming, el poder de los eunucos estaba restringido.** Con el paso del tiempo, se les fue dando más control. Construyeron sus propias estructuras sociales y a veces rivalizaban en poder con el emperador.

309. **China se aisló cada vez más durante la dinastía Ming, cerrando sus fronteras a los extranjeros.**

310. **El dominio Ming terminó en 1644 cuando fuerzas rebeldes lideradas por Li Zicheng derrocaron al último emperador Chongzhen en Pekín.** Se declaró una nueva dinastía, que tomó el control del país hasta 1911.

Dinastía Qing
(1644-1911)

Explore la fascinante historia de la dinastía Qing. Conozca a varios gobernantes famosos de este periodo y descubra los avances que se realizaron. La última dinastía imperial de China tiene mucho por descubrir, ¡así que sumérjase en ella!

311. **La dinastía Qing fue la última dinastía imperial de China** y duró desde 1644 hasta 1911.

312. **El pueblo manchú, originario del noreste de Asia y descendiente de los *jurchens*, gobernó la dinastía.**

313. **El emperador Shunzhi fue el segundo emperador de la dinastía Qing, pero el primero en gobernar toda China.** ¡Subió al trono cuando solo tenía cinco años!

314. **El emperador Khangxi es considerado uno de los emperadores chinos más excepcionales** y reinó durante sesenta y un años, ¡más que cualquier otro gobernante chino de la historia!

315. Durante **el reinado del emperador Khangxi,** las aduanas comerciaban con países extranjeros. **El comercio abierto con Occidente** no se produjo hasta después **de la guerra del Opio** de 1842.

316. **Los ocho estandartes eran divisiones militares, con soldados organizados en unidades basadas en su etnia y estatus social.** La dinastía Qing dependía de ellos para las campañas militares, pero con el tiempo, dejaron de ser una fuerza de combate eficaz.

317. **El emperador Qianlong tuvo un reinado extremadamente exitoso.** Los historiadores creen que la dinastía Qing estuvo en la cúspide de su poder durante su gobierno.

318. **Encargó la mayor colección de libros chinos que conocemos, el *Siku Quanshu* o *Repositorio completo de las cuatro ramas de la literatura*.** Incluía casi treinta y siete mil volúmenes.

319. **Durante este periodo, el contacto de China con el mundo exterior aumentó muchísimo**. Potencias europeas como **Rusia y Gran Bretaña** colonizaron partes de China y regiones limítrofes, dando lugar a disputas territoriales que duraron siglos.

320. **El comercio de opio entre la India británica y las provincias gobernadas por los Qing creó inmensos beneficios** para los comerciantes y provocó el caos en muchas partes del país debido a la adicción a la droga.

321. **El emperador Tongzhi intentó modernizar China durante su reinado con tecnologías occidentales** como ferrocarriles, sistemas de telégrafo, hospitales y escuelas. Murió antes de poder terminarlo.

322. **La emperatriz viuda Cixi fue quien tuvo la idea de modernizar China,** ya que el país necesitaba un impulso para sobrevivir.

323. **Aunque la emperatriz viuda Cixi nunca gobernó oficialmente**, fue regente y se aseguró de que su sobrino se sentara en el trono tras la muerte de su hijo para mantener el poder.

324. **La emperatriz viuda Cixi no aprobaba el gobierno occidental,** pero pensaba que algunas reformas ayudarían a fortalecer el país. Al final de su vida, comenzó a abrazar la idea de una monarquía constitucional.

325. **Los hombres chinos Han estaban obligados a llevar el pelo en una coleta**, que era como lo llevaban los hombres manchúes. Los Han odiaban esta ley, ya que les recordaba que no tenían el control de China.

326. **El emperador Khangxi intentó acabar con el vendaje de pies**, pero no lo consiguió. No se prohibió hasta 1912.

327. **La dinastía Qing promovió un aumento de las tasas de alfabetización debido a las** iniciativas de **educación universal**, lo que, a su vez, llevó a que grandes obras de la literatura fueran devoradas por la población.

328. Una obra literaria famosa fue *Sueño de la cámara roja*. Este libro ha sido ampliamente estudiado e incluso tiene su propio campo de estudio llamado *redología*.

329. **El confucianismo fue promovido por muchos emperadores**, pero su énfasis en la armonía social y la obediencia a la autoridad obstaculizó el progreso tecnológico y las políticas progresistas que estaban ocurriendo en otras partes del mundo.

330. **Los chinos se inocularon contra la viruela y** la tasa de mortalidad infantil disminuyó gracias a los avances de la medicina.

331. **Las mujeres empezaron a escribir más durante este periodo,** sobre todo poesía.

332. En el apogeo **del dominio Qing, China era tan poderosa** que obligó a muchos de sus estados vecinos a pagarle tributo.

333. **El té era el mayor producto de exportación**. A principios del siglo XIX, representaba el 90 por ciento de las exportaciones de Cantón.

334. **El emperador Yongzheng prohibió el cristianismo.** También puso en marcha programas para combatir el hambre y la pobreza en las regiones rurales.

335. **La caligrafía y la pintura siguieron siendo aficiones populares.** Los cuatro Wang fueron pintores destacados de este periodo.

336. **El ferrocarril se introdujo en China** por primera vez durante la dinastía Qing.

337. **Las reformas** que intentaron perseguir la modernización a finales del siglo XIX se llamaron **«Movimiento de autofortalecimiento»**. Estas reformas afectaron a algunos de los aspectos más importantes de la vida, como la economía, el ejército y la educación.

338. **La emperatriz viuda Longyu declaró el fin del gobierno imperial** el 12 de febrero de 1911, en nombre del emperador de seis años, Puyi.

339. En 1917, **Zhang Xun intentó restaurar la dinastía Qing,** pero fracasó.

340. **Más tarde, Puyi se convirtió en el emperador títere del estado de Manchú, controlado por Japón**, que cayó al final de la Segunda Guerra Mundial.

Las guerras del Opio
(1839-1842, 1856-1860)

En las guerras del Opio China se enfrentó a varias potencias occidentales, en particular Gran Bretaña. ¿Por qué comenzaron? ¿Qué consecuencias tuvieron? A continuación, se responden otras preguntas y se presentan otros datos interesantes.

341. **La primera guerra del Opio fue una guerra entre China y Gran Bretaña,** que duró de 1839 a 1842.

342. **Comenzó porque el gobierno chino quería acabar con el comercio del opio.** El opio es una droga que se obtiene de la planta de amapola. Los británicos no querían acabar con un comercio tan lucrativo.

343. **Durante la guerra se libraron varias batallas.** Los juncos de guerra chinos, un tipo de barcos con velas, fueron a menudo superados por la armada británica, que poseía barcos más grandes con cañones.

344. **Después de casi tres años de lucha, Gran Bretaña ganó la guerra** debido a la superioridad de sus armas y tecnología militar en comparación con las fuerzas chinas.

345. **China tuvo que ceder la isla de Hong Kong a Gran Bretaña. También tuvo que abrir puertos en la provincia de Guangdong** para que los comerciantes británicos pudieran vender opio allí, legalmente y sin restricciones.

346. **Este importante acontecimiento provocó tensiones entre los ciudadanos chinos y los gobiernos extranjeros.** Estas tensiones siguen existiendo hasta el día de hoy.

347. **El Tratado de Nankín, que puso fin a la primera guerra del Opio,** fue el primero de los llamados tratados desiguales. Estos tratados otorgaban más poder y control a las potencias occidentales mientras que concedían a China muy poco a cambio.

348. El opio es altamente adictivo. El Tratado de Nankín no incluía ninguna disposición para abordar el problema. Se cree que el número de adictos al opio se duplicó tras la firma del tratado.

349. La segunda guerra del Opio comenzó por una disputa sobre los derechos comerciales y no solo participó Gran Bretaña, sino también Francia y otras potencias occidentales.

350. En octubre de 1860, **el Palacio de Verano fue saqueado por soldados británicos y franceses.** Obras de arte de valor incalculable fueron llevadas a Europa.

351. **La segunda guerra del Opio terminó con la firma del Tratado de Tientsin** (1858) y la Convención de Pekín (1860). Estos tratados ampliaron aún más los privilegios comerciales de las potencias occidentales, legalizaron el comercio del opio y supusieron más concesiones territoriales para China.

352. **Las guerras del Opio contribuyeron en gran medida al declive de China como potencia regional y mundial,** convirtiéndola en un estado semicolonizado.

353. **En 1870, el PIB de China se había reducido a la mitad.** Los historiadores creen que la caída fue consecuencia directa de las guerras del Opio.

354. **Las guerras del Opio fueron el primer precedente de la injusta relación** que se desarrolló entre el occidente industrializado y la China del siglo XIX, que estaba rezagada en avances tecnológicos y sociales.

355. A pesar de la victoria occidental, **muchos criticaron las guerras del Opio por su carácter imperialista y la dominación de los chinos por los europeos.** Las críticas procedían de intelectuales, como Karl Marx, que condenaban las acciones de Occidente en la guerra.

Rebelión Taiping
(1850-1864)

En esta sección se explora la fascinante **rebelión Taiping,** uno de los acontecimientos más importantes de **la dinastía Qing**. A continuación, diez datos interesantes sobre su líder y las creencias de sus seguidores. También se habla de **los cambios que provocó esta rebelión**.

356. **La rebelión Taiping fue una guerra civil en China** que duró desde 1850 hasta 1864.

357. **Se libró entre la dinastía Qing, que gobernaba China,** y un grupo rebelde llamado el Reino Celestial Taiping.

358. **Hong Xiuquan, el comandante de la rebelión**, creía que Dios lo había elegido para sacar a su pueblo del sufrimiento y la pobreza. Llegó a decir que era hermano de Jesucristo.

359. Aunque se discute el número exacto de víctimas, **se cree que al menos veinte millones de personas murieron durante la rebelión Taiping**, lo que la convierte en uno de los acontecimientos más sangrientos de la historia reciente de China.

360. **La rebelión Taiping es la guerra civil más sangrienta de la historia**. Ambos bandos cometieron masacres contra el otro, aunque la mayoría de las muertes se produjeron a causa de las enfermedades y el hambre.

361. **El éxito de los rebeldes varió de un año a otro**, pero el gobierno Qing finalmente pudo sofocar la rebelión. Esto se debió en parte a la falta de organización de los rebeldes, así como a la reticencia de las potencias extranjeras a ayudarles.

362. Durante su apogeo, **el Reino Celestial Taiping controló más de la mitad de la China actual,** incluidas ciudades importantes como Nanjing (conocida en su día como Nankín).

363. **Las mujeres desempeñaron un papel esencial en esta rebelión**. Sirvieron como soldados, enfermeras e incluso generales en **el ejército Taiping**. Era raro que las mujeres sirvieran como combatientes en ese momento del siglo XIX, lo que hizo que el ejército Taiping fuera único.

364. **Aunque esta rebelión fue uno de los factores responsables de la decadencia de la China imperial,** también dio a los emperadores chinos la oportunidad de fortalecer a China para que pudiera mantenerse fuerte en el escenario mundial.

365. **La rebelión provocó importantes cambios a corto plazo en la sociedad china,** como **que los funcionarios Han obtuvieron más poder en el gobierno.** Los ejércitos provinciales adquirieron mayor importancia, sustituyendo a las fuerzas imperiales. Estos cambios influyeron en el final de la dinastía Qing.

Restauración de Tongzhi

(1860-1874 d. C.)

A continuación, se presentan **diez hechos asombrosos sobre la restauración Tongzhi.** Se introdujeron mejoras en muchas áreas de la sociedad y el gobierno chinos, **lo que ayudó a fortalecer a China** y a acercarla más a la era moderna.

366. **La restauración Tongzhi fue un período en China que duró de 1860 a 1874.**

367. Durante este periodo, **el gobierno chino trabajó para restaurar el orden y la estabilidad** después de años de guerras civiles e invasiones extranjeras.

368. El nombre de este período deriva del título del **emperador Tongzhi,** que gobernó de 1861 a 1875.

369. Aunque el nombre del periodo se debe **al emperador Tongzhi, fue su madre, la emperatriz viuda Dowager Cixi, quien aportó las ideas sobre cómo volver a hacer fuerte a China.**

370. **Durante esta época se llevaron a cabo numerosas reformas,** como mejoras en la educación, los sistemas de transporte, la organización militar y las políticas fiscales. **Estas reformas contribuyeron a fortalecer la economía y la sociedad china.**

371. La restauración Tongzhi abrió una oficina exterior para tratar con diplomáticos, lo que ayudó a abrir más China a otros países.

372. **Aunque la restauración Tongzhi modernizó algunas cosas,** la emperatriz viuda Cixi se aferró a las viejas tradiciones. Los historiadores creen que esto hizo que el periodo no alcanzara todo su potencial.

373. **En su mayor parte, las reformas no alcanzaron todo su potencial** porque el gobierno no estaba seguro de cómo aplicarlas.

374. **China reformó su ejército durante esta época,** pero fue incapaz de conseguir una victoria decisiva en **la guerra chino-japonesa.**

375. **La restauración Tongzhi contribuyó a fortalecer los valores tradicionales chinos,** lo que aportó cierta unidad al país.

La primera guerra sino-japonesa
(1894-1895)

Japón y China aspiraban a convertirse en la gran potencia de Oriente. Las tensiones entre ambos estallaron finalmente con **la primera guerra sino-japonesa**. A continuación, diez datos sobre esta guerra y cómo afectó a China.

376. **La primera guerra sino-japonesa se libró entre julio de 1894 y abril de 1895 por Corea.**

377. **Corea había estado durante mucho tiempo bajo la esfera de influencia de China.** En 1876, Corea se abrió al comercio con Japón.

378. **A Japón le preocupaba que Corea estuviera demasiado subdesarrollada.** El gobierno japonés creía que si Corea era incapaz de defenderse, las potencias occidentales se abalanzarían sobre ella y la tomarían.

379. **Cuando China envió fuerzas para ayudar a sofocar la rebelión de Tonghak en Corea,** Japón alegó que violaba un tratado anterior, lo que finalmente llevó a una declaración de guerra.

380. **China también tuvo que hacer frente a una rebelión en el norte de su territorio mientras luchaba en la primera guerra sino-japonesa.** Los musulmanes chinos se rebelaron contra el gobierno Qing porque se negaba a declarar qué orden sufí era superior.

381. La dinastía Qing se vio obligada a pedir la paz tras seis meses de guerra.

382. **China dejó de ser la potencia dominante en Asia Oriental,** ya que Japón se convirtió en el claro vencedor de la guerra.

383. **China perdió alrededor de treinta y cinco mil hombres** (muertos y heridos), mientras que Japón sufrió alrededor de cinco mil bajas.

384. **En virtud del Tratado de Shimonoseki, China reconoció la independencia de Corea** y cedió a Japón la península de Liaodong, Taiwán y las islas Penghu.

385. **Japón invadió Taiwán en 1895, ya que varios funcionarios se negaron a reconocer el tratado y establecieron una república democrática.** Finalmente, Japón consiguió anexar la isla.

Rebelión de los bóxers
(1899-1901)

Descubra **la historia de la rebelión de los bóxers,** un conflicto entre potencias extranjeras y rebeldes chinos que duró dos años. Este capítulo **explora diez datos interesantes sobre esta rebelión,** desde sus orígenes hasta su final.

386. **La rebelión de los bóxers fue una rebelión en China contra la influencia y el control extranjeros.**

387. **Comenzó cuando los chinos formaron la Sociedad de los Puños Justos y Armoniosos,** una organización para luchar contra los extranjeros que se apoderaban de su país.

388. Como muchos **de los rebeldes practicaban artes marciales, los ingleses los llamaron «bóxers».** ¡Un gran nombre para ellos!

389. Durante la rebelión, **los bóxers atacaron embajadas, iglesias y empresas extranjeras en toda China,** pero principalmente en Pekín (la capital de China).

390. **Para sofocar la rebelión, ocho países enviaron tropas: Japón, Rusia,** Gran Bretaña, Alemania, el imperio Austro-húngaro, Italia, Estados Unidos y Francia.

391. **Tras dos años de lucha, las fuerzas internacionales derrotaron a los bóxers en 1901,** pero China tardó otra década en restablecer la paz con las demás naciones y en resolver los problemas internos causados por la rebelión.

392. **Cualquier funcionario del gobierno que apoyara a los bóxers era ejecutado,** y China se vio obligada a pagar una enorme indemnización a la alianza de las ocho naciones.

393. **La emperatriz viuda Cixi, que seguía teniendo el poder, apoyó a los bóxers. Más tarde,** se entendió con las potencias occidentales y aceptó introducir cambios que convirtieron al país en una monarquía constitucional.

394. **La dinastía Qing intentó reparar el daño creado por los bóxers,** pero quedó debilitada. Las reformas que promulgó no fueron suficientes, lo que condujo al fin de la monarquía en 1911.

395. **Aunque las potencias occidentales desempeñaron un gran papel en la rebelión de los bóxers, Japón emergió como la potencia dominante.** Con el tiempo, Japón controló buena parte de Asia Oriental, incluidas partes de China.

La Revolución de 1911
(1911-1912 d. C.)

La Revolución de 1911 fue un momento crucial en la historia de la humanidad. La dinastía Qing fue derrocada, poniendo fin al dominio imperial de China. Descubra qué ocupó el lugar de la monarquía y otras curiosidades sobre esta revolución a través de estos quince datos apasionantes.

396. **Otro nombre para la Revolución de 1911 es Revolución Xinhai.** Se llama así por el año en que tuvo lugar en el calendario chino.

397. **Aunque la Revolución de 1911 tuvo éxito,** no fue ni mucho menos el primer levantamiento que sacudió China a finales del siglo XIX y principios del XX.

398. **Sun Yat-sen, el líder de la Revolución de 1911**, participó en muchos de los levantamientos anteriores.

399. **En 1894, Sun Yat-sen formó la Sociedad para Revivir China** (*Xingzhonghui*). Un año después, otro destacado grupo rebelde, **la Sociedad Literaria Furen**, se fusionó con la Sociedad Revive China.

400. **Sun Yat-sen estuvo exiliado durante este tiempo**; creó su partido revolucionario en Honolulu, Hawai.

401. **En 1905, la Sociedad para Revivir China se transformó en el Kuomintang o KMT.** Este sigue siendo hoy un importante partido político en China.

402. Aunque se habían producido levantamientos en años anteriores, **el levantamiento de Wuchang, en octubre de 1911, se considera el acontecimiento que hizo estallar la Revolución de 1911**. Pronto le siguieron otras regiones en las que se luchaba contra la dinastía Qin.

403. En 1911, **Yuan Shikai, un oficial militar, fue nombrado primer ministro por la dinastía Qing** para hacer frente a los rebeldes.

404. **En enero de 1912 se creó la República de China. Sun Yat-sen se convirtió en su primer presidente.**

405. **Sun Yat-sen fue presidente durante poco más de dos meses. Yuan Shikai** se convirtió en presidente en marzo.

406. **Para ser presidente, Yuan Shikai tuvo que conseguir que el emperador Puyi abdicara.** Como el emperador era tan joven (solo tenía seis años), su regente, **la emperatriz viuda Longyu, tuvo que firmar los papeles por él.**

407. **La vida no cambió mucho para el chino medio**. Lo que más cambió fue la abolición del feudalismo.

408. **Hubo mucho sentimiento anti manchú después de la revolución. En Pekín,** miles de manchúes murieron en ataques violentos.

409. **Cuatro mil años de dominio imperial terminaron cuando la dinastía Qing fue derrocada.**

410. **Con el paso del tiempo, los chinos volvieron a dividirse**: unos veían la Revolución de 1911 como la etapa final para una China democrática y otros como un peldaño para una revolución mayor.

El intento de Yuan Shikai de restablecer el dominio imperial
(1915-1916)

Aunque **Yuan Shikai se convirtió en presidente de China**, no estaba contento con el poder que se le había otorgado. **Quería volver a la monarquía.** A continuación, cinco hechos interesantes sobre su reinado, incluyendo cómo **se declaró emperador** y por qué fracasó en su intento.

411. **Yuan Shikai se aseguró rápidamente el poder como presidente**, lo que le permitió recabar apoyos cuando quiso volver a **la forma tradicional de gobernar.** En diciembre de 1915 fue elegido emperador.

412. **Yuan Shikai pasó a ser conocido como el emperador Hongxian.**

413. **A los revolucionarios no les gustó esta medida, ni tampoco a los oficiales militares de Yuan Shikai.** El pueblo se rebeló, y Yuan Shikai perdió el apoyo extranjero cuando no obtuvo buenos resultados en las batallas.

414. **Yuan Shikai solo gobernó durante ochenta y tres días.**

415. **Cuando murió en junio de 1916, su muerte dejó un vacío de poder,** que muchos señores de la guerra se apresuraron a llenar.

La Era de los señores de la guerra
(1916-1928 d. C.)

Descubra **la turbulenta historia de China durante la Era de los señores de la guerra**. Este capítulo explora cinco hechos interesantes sobre este periodo, incluyendo cómo terminó.

416. **La Era de los señores de la guerra fue una época de caos y conflicto en China**, ya que muchos señores de la guerra diferentes lucharon por el control del país.

417. **La lucha principal fue entre el ejército del gobierno del Kuomintang y el ejército del antiguo gobierno de Yuan Shikai,** aunque también se alzaron otros grupos.

418. La mayor batalla de este periodo fue **la guerra de las Llanuras Centrales**. En ella lucharon más de un millón de soldados.

419. **La Era de los señores de la guerra terminó con la Expedición al Norte,** dirigida por **Chiang Kai-shek,** en 1928, que unió de nuevo la mayor parte de China bajo un solo gobierno.

420. **Los señores de la guerra siguieron apareciendo y creando serias amenazas durante las siguientes décadas,** lo que aumentó la inestabilidad de China.

La guerra civil China
(1927-1949 d. C.)

Este capítulo explora **la tumultuosa historia de la guerra civil China**. Explora diez datos interesantes sobre este conflicto, incluyendo cómo se libró y quién ganó finalmente.

421. **La guerra civil China fue un conflicto entre el Partido Comunista de China** y el Partido Nacionalista (Kuomintang) de China.

422. **Duró de 1927 a 1949,** aunque hubo una pausa en la lucha cuando **los chinos dejaron de lado sus diferencias para luchar contra Japón** y ayudar a los Aliados en la Segunda Guerra Mundial.

423. No hay registros exactos, pero **millones de personas murieron y fueron desplazadas debido a los combates** y el hambre.

424. **El Partido Comunista de China fue apoyado por la Unión Soviética, mientras que el Partido Nacionalista de China recibió el apoyo de Estados Unidos** y otros países occidentales.

425. **A medida que pasaban los años, las fuerzas comunistas ganaban más adeptos.** En 1945, contaban con más de tres millones de soldados.

426. **La guerra civil China se reanudó en 1946, cuando Chiang Kai-shek dirigió un asalto al norte de China.**

427. Ambos bandos cometieron crímenes de guerra. **Las fuerzas nacionalistas llevaron a cabo el Terror Blanco, asesinando a cientos de miles de personas sospechosas de ser comunistas.** Las fuerzas comunistas atacaron a los terratenientes, ya que querían redistribuir la tierra entre los campesinos.

428. En octubre de 1949, **las fuerzas comunistas de Mao Zedong se hicieron con el control de la mayor parte de China continental y establecieron la República Popular China** (RPC).

429. **Chiang Kai-shek y unos dos millones de soldados nacionalistas se retiraron a Taiwán,** donde formaron su gobierno, **la República de China** (ROC).

430. **La República de China reivindicó China hasta 1988. La República Popular China reclama la soberanía de Taiwán,** aunque nunca ha controlado parte alguna de la isla.

La segunda guerra sino-japonesa
(1937-1945)

La segunda guerra sino-japonesa fue un conflicto devastador que suele ser eclipsado por la Segunda Guerra Mundial. Esta sección repasa cómo comenzó y algunas de las atrocidades que se cometieron.

431. **La segunda guerra sino-japonesa tuvo lugar entre 1937 y 1945.** A veces es llamada el Holocausto Asiático.

432. **Japón invadió Manchuria en 1931 y estableció un estado títere llamado Manchukuo,** dirigido por el emperador Puyi, el último emperador Qing.

433. **En julio de 1937, una fuerza japonesa exigió entrar en Wanping,** cerca de Pekín, para buscar a un soldado desaparecido. Los chinos estacionados allí se negaron. Finalmente hubo disparos. Muchos consideran este hecho como el comienzo de **la segunda guerra sino-japonesa.**

434. **Durante la segunda guerra sino-japonesa murieron unas veinte millones de personas.** La mayoría eran civiles.

435. **Esta guerra es notable por la masacre de Nanjing, también conocida como la violación de Nanjing.** La masacre duró unas seis semanas y murieron entre 40.000 y 300.000 civiles.

436. **Durante esas seis semanas se produjeron saqueos, violaciones, incendios provocados y asesinatos.** Algunos japoneses restan importancia al incidente e incluso afirman que nunca tuvo lugar. **Japón aún no se ha disculpado por la masacre,** que es fuente de tensión hasta el día de hoy.

437. **En 1939, los japoneses controlaban la mayoría de las ciudades más grandes de China,** pero no podían avanzar mucho en el campo, donde los miembros **del Partido Comunista Chino utilizaban tácticas de guerrilla para mantener a raya a los japoneses.**

438. **Cuando Japón atacó Pearl Harbor en 1941, Estados Unidos aumentó su ayuda a China.** Los EE. UU. dieron a China alrededor de veinte mil millones de dólares en dinero de hoy, dándoles una oportunidad de luchar contra las fuerzas japonesas.

439. **En 1945, Japón se rindió ante los bombardeos atómicos de Hiroshima y Nagasaki.** China recuperó sus territorios perdidos y se convirtió en miembro permanente del Consejo de Seguridad de la ONU.

440. **Una vez finalizada la Segunda Guerra Mundial,** continuó la guerra civil China, que finalmente ganaron los comunistas.

República Popular China
(1949-Actualidad)

La **República Popular China** aparece a menudo en las noticias, pero ¿cuánto sabe sobre ella? Estos quince datos interesantes le darán una mejor idea de la RPC en general; en las próximas secciones se analiza un poco su historia.

441. **La República Popular China se fundó en 1949 y es el segundo país más poblado del mundo después de la India,** con más de 1.400 millones de habitantes.

442. **En la actualidad, China tiene veintitrés provincias, cinco regiones autónomas, cuatro municipios bajo control directo y dos Regiones Administrativas Especiales** (RAE). Las dos RAE son Hong Kong y Macao.

443. **Pekín es la capital de China.** Es la segunda ciudad más grande de China en términos de población, siendo Shanghai la primera.

444. **El chino mandarín es el idioma oficial utilizado, tanto en China como en Taiwán,** aunque se hablan otros dialectos.

445. Aunque **China es un estado ateo, reconoce cuatro religiones: daoísmo, budismo, islamismo y cristianismo.**

446. **El confucianismo no es considerado una religión por la mayoría**, aunque sus enseñanzas se siguen celebrando en la actualidad.

447. **China cuenta con numerosos lugares declarados Patrimonio de la Humanidad por la UNESCO** que preservan su rico pasado cultural.

448. **El pato pekinés, las albóndigas y los fideos son platos populares en los restaurantes chinos tradicionales.**

449. China tiene más multimillonarios que cualquier otro país aparte de Estados Unidos.

450. Los chinos tienen que ir a la escuela durante al menos nueve años. Muchos llegan a la universidad.

451. A partir de 2023, China es el país más popular de Asia para los estudiantes internacionales que buscan recibir un título de educación superior.

452. En 2013, China se convirtió en la mayor nación comercial del mundo. La mayor parte de lo que comercia China es electrónica y ropa.

453. Los pandas gigantes se han convertido en un símbolo no oficial de China porque sus gobiernos regalaban pandas como forma de establecer relaciones diplomáticas. Los pandas gigantes son originarios de China. Los pandas que se ven en los zoológicos son prestados por China, por lo que técnicamente pertenecen al gobierno chino.

454. La moneda china se llama renminbi o moneda del pueblo. La mayoría de las naciones fuera de China la llaman yuan, que es la unidad básica del renminbi.

455. China se ha convertido en los últimos años en una de las mayores economías gracias al auge de su industria manufacturera.

Revolución Cultural
(1966-1976)

La Revolución Cultural de China pretendía preservar el comunismo en el país. Sin embargo, fue criticada por causar angustia a la nación. A continuación, diez datos sobre este periodo para saber qué ocurrió.

456. **La Revolución Cultural en China fue una época de notables cambios** y agitación, que duró de 1966 a 1976. Mao Zedong fue el líder de China durante este tiempo.

457. **Los guardias rojos, que eran organizaciones militares estudiantiles, fueron alentados a destruir los artefactos históricos** y la arquitectura para que la gente no recordara el pasado.

458. **Los guardias rojos registraban los objetos personales** de los acusados de ser traidores o enemigos del comunismo. Los culpables podían sufrir consecuencias mortales.

459. **La expresión artística fue fuertemente censurada durante este periodo**. Libros, películas, música y representaciones teatrales que no promovían los ideales comunistas eran prohibidos o drásticamente alterados antes de ser puestos en circulación pública.

460. **Millones de ciudadanos chinos se marcharon a otros países** debido a la agitación política causada por las duras medidas de la revolución.

461. **Se produjeron numerosas masacres. En la masacre de Guangxi murieron decenas de miles de personas de forma cruel.** Los funcionarios comunistas locales incluso fomentaron el canibalismo. No había hambruna; la gente estaba motivada para hacer esto por razones políticas.

462. **Las personas pertenecientes a las cinco categorías negras eran consideradas enemigas del estado**. Estas categorías eran los terratenientes, los contrarrevolucionarios, los campesinos ricos, los «malos elementos» y las personas pertenecientes a partidos conservadores.

463. **Incluso altos funcionarios del gobierno fueron acusados de traicionar a China. Liu Shaoqi**, que había sido presidente de la RPC de 1959 a 1968, fue acusado de apoyar el capitalismo. Murió en prisión.

464. **Se persiguió a los intelectuales y se cerraron universidades**. Aumentaron las oportunidades para los niños de las zonas rurales, mientras que los de las ciudades, especialmente los pertenecientes a familias más ricas, tuvieron menos oportunidades de progresar.

465. **La Revolución Cultural continuó tras la muerte de Mao y terminó con la detención de la Banda de los Cuatro,** un grupo que ejerció una influencia significativa durante **la Revolución Cultural.**

Reforma y apertura
(1978-Actualidad)

Este capítulo explora **la notable transformación de la sociedad china** desde 1978. Descubra quince datos sorprendentes sobre el impacto de este periodo en la economía y la sociedad china.

466. En 1978 **tuvo lugar el periodo de reforma y apertura**, cuando China comenzó a abrir su economía a otros países.

467. **Este período permitió a la gente comprar más cosas,** abrir negocios y viajar al extranjero por primera vez en muchos años.

468. Desde 1978 **el número de chinos que viven en la pobreza se ha reducido constantemente.**

469. **La inversión extranjera ha crecido significativamente en las últimas décadas,** ayudando a crear puestos de trabajo en las ciudades y zonas rurales de China.

470. **Se permitió a los agricultores vender sus productos directamente en los mercados** en lugar de pasar por los almacenes gestionados por el gobierno, lo que aumentó drásticamente los ingresos.

471. **También se han producido notables mejoras** en la cobertura sanitaria y las oportunidades educativas en China desde que comenzaron las reformas.

472. **En 1979, Deng Xiaoping introdujo el enfoque de un país, dos sistemas,** que permitía a Hong Kong y Macao tener un sistema económico y político diferente al de China.

473. En 1984 **se crearon catorce zonas económicas especiales** en ciudades costeras para fomentar la inversión extranjera. Estas zonas se han desarrollado rápidamente hasta convertirse en algunas de las regiones más prósperas de China en la actualidad.

474. **Las reformas también incluyeron la creación de sistemas jurídicos más eficaces**, el aumento de la libertad religiosa y la concesión de más libertades personales, como la elección de pareja y de carrera.

475. Como parte de sus esfuerzos de reforma, **China ha firmado acuerdos bilaterales comerciales con otros países,** convirtiéndose en un miembro cada vez más activo de la comunidad internacional.

476. **China es una de las mayores economías mundiales por PIB.** Algunos analistas creen que superará **a Estados Unidos** en aproximadamente una década.

477. **El gobierno chino ha invertido grandes sumas en investigación y desarrollo,** logrando muchos nuevos inventos en tecnología y medicina.

478. **China es el mayor exportador del mundo,** con más de 2 billones de dólares en 2018. Esto solo fue posible con las reformas que comenzaron en 1978.

479. En los últimos años, **China se ha convertido en un actor clave en la tecnología digital, incluida la inteligencia artificial y *blockchain*,** que se consideran herramientas esenciales para el desarrollo económico futuro.

480. **El periodo de reforma y apertura cambió drásticamente la sociedad china** al crear nuevas oportunidades al tiempo que mejoraba el nivel de vida en todo el país.

Protestas de la plaza de Tiananmen

(1989)

Las protestas de 1989 en la plaza de Tiananmen pasaron a la historia como uno de los momentos más emblemáticos de los movimientos democráticos. Estos cinco datos proporcionan información básica sobre lo ocurrido.

481. **El 4 de junio de 1989 se produjo una protesta pacífica en la plaza de Tiananmen de China** para pedir más libertad y democracia.

482. **El gobierno chino envió tropas para disolver la protesta. Lo hicieron violentamente,** dejando miles de muertos y heridos.

483. **Es posible que la historia nunca sepa cuántas personas murieron realmente,** ya que el gobierno chino se niega a hacer públicas las cifras reales. **La cifra oficial es de trescientos muertos,** pero los relatos de testigos presenciales señalan un número mucho más alto.

484. **Las protestas estuvieron influidas en gran medida por la muerte de Hu Yaobang.** Era un político pro-reforma que se vio obligado a dimitir, muriendo poco después a causa de un ataque al corazón.

485. **Una de las imágenes más icónicas del siglo XX tuvo lugar durante las protestas, cuando se captó la imagen de un hombre de pie frente a una línea de tanques.** Se desconoce qué le ocurrió a este hombre.

El ascenso de China
(1990- Actualidad)

Este capítulo explora la notable historia y el desarrollo de China desde 1990 hasta la actualidad. Estos quince hechos proporcionan algunos datos concretos sobre lo lejos que ha llegado China.

486. Según los estándares actuales, **China es uno de los países más modernos del mundo**. Según las estadísticas de 2017, toda su población tiene acceso a la electricidad.

487. De 1979 a 2017, **la economía de China creció a una tasa media del 10 %,** lo que la convierte en una de las economías de más rápido crecimiento de la historia.

488. Desde 1990 **se han producido notables avances en la atención sanitaria**. Las tasas de mortalidad infantil disminuyeron y la esperanza de vida aumentó.

489. Desde 1979, **más de setecientos millones de chinos han salido de la pobreza gracias al crecimiento económico** y a las reformas aplicadas por el gobierno.

490. **China ingresó en la Organización Mundial del Comercio** (OMC) en 2001, lo que abrió sus mercados al comercio internacional, propiciando un aumento de la inversión extranjera y de las oportunidades de crecimiento para las empresas dentro de sus fronteras.

491. **El programa espacial chino logró un hito al poner en órbita al primer chino a bordo de una Shenzhou-5 en 2003.** El país sigue avanzando en la exploración espacial.

492. **China es miembro permanente del Consejo de Seguridad de la ONU.** Esto demuestra una vez más la importancia internacional del país.

493. **La Iniciativa de la Franja y la Ruta** (BRI, por sus siglas en inglés), **lanzada por el presidente Xi Jinping** en 2013, pretende unir a más de 150 países mediante la cooperación en proyectos de infraestructura a gran escala. **China busca asumir un mayor liderazgo** con esta iniciativa.

494. **Aunque China ha avanzado mucho, aún queda mucho trabajo por hacer. En los últimos años,** China ha sido acusada de violaciones de los derechos humanos, en particular contra los uigures.

495. **Además, uno de los mayores problemas a los que se enfrenta la China moderna tiene que ver con la contaminación.** En comparación con otros grandes países, aún carece de infraestructuras sostenibles y es el mayor contaminador atmosférico del mundo.

496. En 2021, **China invirtió la cifra récord de 378.000 millones de dólares en proyectos de investigación y desarrollo,** avanzando en su capacidad tecnológica y de innovación.

497. **Los ferrocarriles de alta velocidad atraviesan largas distancias a velocidades récord,** mientras que las autopistas conectan distintas ciudades como nunca antes.

498. **Los ciudadanos chinos tienen un mayor acceso a la tecnología** gracias a la rápida evolución de las capacidades de la red 5G y la infraestructura de Internet.

499. **A medida que la riqueza se ha extendido por China,** las ciudades han experimentado un notable crecimiento, con la aparición de altísimos rascacielos en Shanghái y Pekín.

500. En los últimos treinta años, **el gobierno chino ha dado grandes pasos hacia la mejora de su nivel de vida**, la creación de puestos de trabajo y nuevas oportunidades para las generaciones futuras.

Conclusión

El viaje a través de la historia de China ha sido largo pero fascinante. Hemos visto surgir y caer grandes dinastías, períodos de **agitación y revolución**, y épocas de paz y prosperidad. Hemos sido testigos de caudillos, disturbios civiles y **reformas sociales masivas**.

Es probable que el notable ascenso de China en la escena mundial continúe, y sin duda la nación seguirá siendo noticia en las próximas décadas. **China ha avanzado mucho en la mejora de la calidad de vida de sus ciudadanos,** aunque otros países siguen criticando el funcionamiento del gobierno.

Este libro ha ofrecido a los lectores una visión de algunos hechos clave que configuraron la historia de China. Esperamos que algunos de estos hechos sean nuevos para usted y que este libro haya despertado su interés por **el fascinante pasado de China.**

Segunda Parte: Historia de Japón

500 datos interesantes sobre Japón

Introducción

La historia de Japón está llena de fascinantes acontecimientos culturales, económicos y políticos. Este libro se adentra en cada periodo de la **historia de Japón**, desde los inicios de la nación, en la prehistoria, hasta nuestros días, y examina los acontecimientos y las fuerzas que han impulsado hacia adelante a esta nación.

Comenzando por el **Japón prehistórico**, podrá hacerse una idea de cómo era la vida en la Antigüedad. Explore épocas como **el periodo Yayoi, el periodo Kofun y el periodo Asuka**.

Este libro también analiza acontecimientos importantes de la **historia de Japón**, como **la Restauración Meiji, la Constitución japonesa de 1947, el milagro económico de Japón** en la década de 1950 y mucho más.

Además, el libro habla de temas cruciales como **la crisis del petróleo de 1973, la burbuja de los años 80 y la «Década Perdida».** El libro concluye con una visión general de los cambios culturales posteriores al año 2000 y de la evolución política y las relaciones internacionales en nuestros días.

Haga un viaje en el tiempo y **explore más de dos mil años de historia japonesa**.

Japón prehistórico

Este capítulo se adentra en la cautivadora historia del Japón prehistórico. Explore veinte **hechos fascinantes sobre las creencias, herramientas y formas de arte** que se desarrollaron durante este periodo. Aprenda por qué las **armas de bronce** desempeñaron un papel importante en la guerra y cómo avanzaron las **técnicas de alfarería**. Todos estos aspectos tuvieron un profundo impacto en la sociedad japonesa de la época.

1. **La prehistoria de Japón duró desde aproximadamente el 35.000 a. C. hasta el 500 d. C.**

2. **El periodo más antiguo, el Paleolítico, finalizó alrededor del 13.000 a. C., dando lugar al periodo Jomon.** Después vino **el periodo Yayoi**, que comenzó alrededor del año 300 a. C. y finalizó alrededor del año 250 d. C. **El periodo Kofun**, por su parte, se extendió desde el año 250 d. C. hasta el 538 d. C.

3. **Los habitantes del Japón prehistórico** cazaban animales, recolectaban plantas y pescaban para alimentarse.

4. **Construían sus casas con paja y madera** o excavaban cuevas en la tierra llamadas casas foso.

5. **Las primeras piezas de cerámica de Japón estaban decoradas con dibujos en forma de cuerda**, lo que le dio su nombre «Jomon», que significa «marcas de cuerda». La primera de estas piezas en Japón se fabricó a principios del periodo Jomon, alrededor del 10.500 a. C.

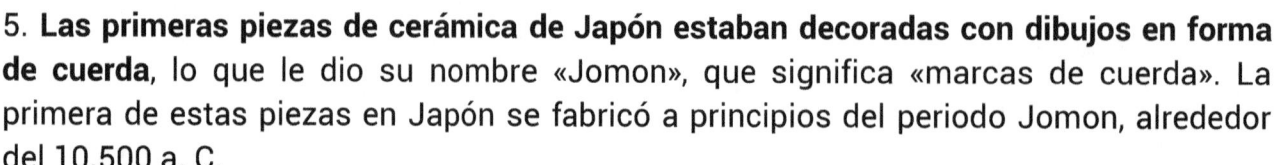

6. Alrededor del año 1.000 a. C. **se introdujeron las armas de bronce, que se utilizaban** para cazar o luchar contra los enemigos.

7. **La cultura jomon fue descubierta por primera vez por los arqueólogos a finales del siglo XIX.**

8. **La primera gran excavación de un yacimiento jomon se llevó a cabo a principios del siglo XX en el yacimiento de Omori, en Tokio.** Esta excavación reveló un gran número de artefactos jomon, incluyendo cerámicas, estatuillas y herramientas de piedra.

9. **En esta época, los jomon tallaban símbolos llamados *kamiyo moji*** («caracteres de la edad de los dioses»). Probablemente no se trataba de letras, sino de símbolos de magia y protección.

10. **El cultivo del arroz comenzó a finales del período Jomon,** alrededor del 400 a. C.

11. A partir del 300 a. C., **se comenzaron a utilizar en Japón herramientas y armas de hierro.**

12. Hacia el año 250 a. C., **los líderes políticos y las familias extensas comenzaron a formar clanes o tribus organizadas** que competían entre sí por el poder sobre los recursos del país, como la tierra y el agua.

13. Alrededor del año 300 a. C. (o quizá antes), **se introdujeron espejos de bronce procedentes de China,** pero su uso no se generalizó hasta muchos siglos después. Más tarde, los espejos desempeñaron un papel muy importante en la mitología japonesa.

14. **Los espejos de bronce se convirtieron poco a poco en un importante símbolo de estatus en la cultura japonesa.** Todavía hoy se utilizan como parte de algunas ceremonias tradicionales.

15. **En el Japón prehistórico, los japoneses creían que todos los fenómenos naturales, animales y plantas poseían *kami*, (poder divino).** *Kami* también podía referirse a un dios o espíritu y para describir algo sagrado.

16. **Las obras de arte, como esculturas y máscaras de madera o arcilla,** se hicieron populares durante este periodo. Algunas veces se decoraban con pintura o laca, lo que las hacía aún más impresionantes, pero estas decoraciones eran limitadas en esa época.

17. **La música desempeñó un papel importante en la sociedad japonesa prehistórica.** Instrumentos como flautas y tambores se utilizaban para entretener a la gente en festivales y ceremonias que celebraban eventos religiosos y otras ocasiones especiales.

18. **Se han encontrado figuras de arcilla del periodo Kofun con agujeros,** lo que sugiere que se utilizaban como flautas.

19. Hacia el año 300 a. C., **las técnicas de alfarería habían avanzado tanto que las vasijas se podían cocer en hornos en lugar de secarlas en hogueras.** Esto permitió a los japoneses fabricar vasijas con diferentes formas, colores y texturas.

20. **Durante este periodo, el comercio se practicaba únicamente entre las islas japonesas** y era relativamente limitado debido a la geografía y a la falta de medios de transporte eficaces.

Periodo Yayoi
(300 a. C.-300 d. C.)

En este capítulo, se explora la historia antigua de Japón durante el periodo Yayoi. Descubra veinte datos interesantes sobre **la cultura, el estilo de vida y el idioma del Japón antiguo**. El pueblo yayoi destaca por muchas cosas, como los **sistemas de regadío, los avances en las técnicas de pesca y las alianzas con otras tribus**. También se exploran formas de culto a los antepasados, chamanismo, ¡y mucho más!

21. **El periodo Yayoi duró aproximadamente desde el 300 a. C. hasta el 300 d. C.** Fue el tercer gran periodo de la historia japonesa.

22. **Se cree que el pueblo yayoi cruzó de Asia continental a Japón a través de Corea.**

23. **Este periodo recibe su nombre por la región japonesa** en donde aparecieron los primeros yacimientos arqueológicos, en 1884, que daban indicios de esta cultura.

24. **Los primeros yayoi eran agricultores que utilizaban sistemas de riego hechos con tubos de bambú,** que transportaban el agua desde los ríos o manantiales hasta los campos cultivados.

25. Durante este periodo, **los yayoi también cazaban, recolectaban plantas silvestres y pescaban** mariscos o pequeños peces que se encontraban en aguas poco profundas cerca de las costas para alimentarse.

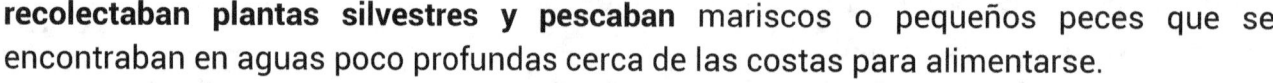

26. **El cultivo del arroz se convirtió en una parte importante de la economía hacia el año 200 a. C.,** cuando se extendió por Asia continental a lo largo de las rutas comerciales que conectaban las culturas asiáticas orientales y occidentales.

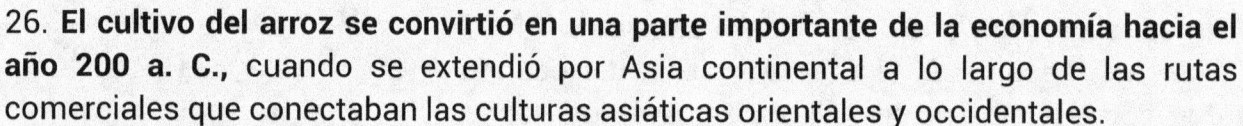

27. **Muchos historiadores atribuyen al pueblo yayoi el desarrollo del cultivo del arroz en húmedo** (lo que significa que se inundan los campos de arroz). Esta técnica produce un mayor rendimiento.

28. **Durante el periodo Yayoi, se introdujeron las herramientas de metal, incluido el bronce y el hierro, que se utilizaron para fabricar armas, joyas y aperos agrícolas**, lo que supuso un importante avance tecnológico.

29. **El cuidado dental durante el periodo Yayoi sigue sin estar claro**, pero algunas pruebas sugieren el uso de materiales similares a la resina para los dientes, lo que podría ofrecer cierta protección o alivio del dolor.

30. En el año 250 d. C., **comenzó a formarse una corte y un gobierno imperial oficial en Yamato** (actual prefectura de Nara) con su propia lengua, llamada *yamato kotoba*, que aún se habla en la corte imperial.

31. **El periodo Yamato, cuando el gobierno gobernaba desde Yamato**, se solapa con otros periodos de la historia japonesa, principalmente el periodo Kofun y el periodo Asuka.

32. **Los artefactos de esta época incluyen las figuras *haniwa*, esculturas de arcilla que representan personas, animales o formas**. Se solían encontrar alrededor de tumbas o sarcófagos.

33. Durante todo el periodo Yayoi, **las tribus formaron alianzas para acceder a recursos** como la tierra o los alimentos en épocas de escasez.

34. **Los yayoi trajeron consigo su propia lengua y cultura.** Con el tiempo, **el pueblo yayoi** se mezcló con el anterior **pueblo jomon**, que era cazador-recolector. Los japoneses modernos son descendientes de estos dos grupos.

35. **Los grandes grupos familiares conocidos como clanes adquirieron importancia durante el periodo Yayoi.**

36. **Durante este periodo, los chamanes** (líderes religiosos) desempeñaban un papel importante en la sociedad. Cumplían funciones espirituales y terapéuticas, como curar enfermedades o interpretar sueños.

37. **Los chamanes eran los encargados de mediar entre el mundo humano y el mundo espiritual**, además de dedicarse a la adivinación y otras prácticas religiosas.

38. **Los túmulos funerarios de esta época muestran que se profesaba algún tipo de culto a los antepasados.**

39. Alrededor del año 300 d. C. **se abrieron rutas comerciales entre China, Corea y Japón**, que permitieron el intercambio de bienes como cerámica, seda y metales.

40. **Durante este periodo, se produjeron avances en las técnicas de pesca que permitieron una mejor alimentación**. Sin embargo, hasta el siglo XIX, los barcos japoneses solían navegar únicamente por las aguas costeras.

Periodo Kofun
(300- 538 d. C.)

Este capítulo explora la interesante historia del periodo Kofun, una época de grandes cambios y mucho desarrollo en Japón. Recibe su nombre de **grandes montículos de tierra llamados** *kofun*, que se construían como tumbas para personas importantes. Durante este periodo, Japón se unificó y **el clan Yamato se convirtió en el poder dominante.**

Conozca más sobre esta importante época de la historia japonesa.

41. **El periodo Kofun de Japón comenzó en el año 300 de la era cristiana y duró hasta el año 538.**

42. Se divide en dos partes: **el periodo temprano** (300-400 d. C.) y **el tardío** (400-538 d. C.).

43. **Durante el periodo Kofun, la sociedad estaba dividida en dos clanes,** con los nobles en la cima y los plebeyos como clase social más baja. Los plebeyos eran agricultores, artesanos y comerciantes.

44. **Los registros históricos de esta época son limitados, pero hay pruebas de que se practicaba la esclavización.**

45. **La familia imperial** (el clan Yamato) asumió el control de gran parte del este de Japón, mientras que los clanes locales mantenían el poder en las regiones occidentales.

46. A menudo, **poderosos nobles y señores de la guerra** formaban alianzas o matrimonios entre sí en lugar de luchar por obtener un mayor control.

47. **Japón empezó a utilizar caracteres chinos hacia el siglo I de nuestra era**, pero solo para una comprensión básica. En el siglo V, ya habían adoptado **el sistema de escritura chino** *kanji.*

48. **Más tarde, los japoneses desarrollaron métodos como el** *kanbun* **para escribir japonés utilizando caracteres chinos con sugerencias de pronunciación.** El primer texto japonés, el *Kojiki*, está escrito con este método.

49. En cuanto a la arquitectura de esta época, **se construyeron grandes túmulos funerarios conocidos como** *kofun* **para conmemorar a personas o acontecimientos importantes**. También se construyeron palacios para diversos gobernantes poderosos por todo Japón.

50. **Durante el periodo Kofun se introdujeron nuevas leyes,** pero no estaban escritas ni codificadas de ninguna manera. Estas leyes eran más bien costumbres locales y códigos de comportamiento.

51. **Durante el siglo V d. C., hubo un comercio considerable entre Japón y China**, que trajo mercancías extranjeras al país. Este comercio incluía telas de seda o monedas hechas de oro y plata.

52. **El clan Yamato creía ser «*kami no mago*» (descendiente de los dioses), concepto que sirvió como piedra angular para la legitimidad de su poder.**

53. Hacia el año 500 d. C., **la equitación y el tiro con arco se habían popularizado en Japón, ya que eran habilidades importantes para los guerreros**, que eran parte fundamental de la sociedad durante este periodo. **Los samuráis**, tal y como los conocemos, no se desarrollaron hasta finales del periodo Heian.

54. Es plausible que **los japoneses adoptaran el *dao* de China durante el periodo Kofun**, que luego cambiaron por la catana.

55. **La catana es más curva que el *dao* y está hecha de un tipo de acero diferente**. Se cree que la catana fue creada durante el periodo Heian.

56. **La pesca se convirtió en una industria lucrativa hacia el año 500 d. C.,** hasta el punto de que provocó la acumulación de riqueza por parte de quienes se dedicaban a este oficio. Esto contribuyó al aumento de la población.

57. La poesía fue popular entre las clases altas durante el periodo Kofun, **cuando se formaron las primeras raíces de las tradiciones poéticas japonesas.**

58. Hacia el año 500 d. C., **los japoneses ya construían rudimentarios santuarios en las zonas más pobladas del país.** En estos santuarios veneraban a los primeros dioses, espíritus de la naturaleza y líderes muertos.

59. Durante este periodo, **se produjeron batallas entre clanes rivales**, pero solían terminar rápidamente debido a la falta de recursos y de mano de obra.

60. **Finalizado el periodo Kofun, Japón pasó al periodo Asuka** alrededor del año 538 de la era cristiana. La transición estuvo marcada por cambios culturales como la introducción del budismo y el desarrollo político.

Periodo Asuka
(538-710 d. C.)

En este capítulo se explora **la fascinante historia del periodo Asuka en Japón**. Descubra veinte datos interesantes sobre este periodo, que incluyó la introducción del **budismo y de nuevas tecnologías**. Las obras de arte florecieron durante este periodo, al igual que el gobierno. Explore por qué este periodo fue tan importante.

61. **El periodo Asuka comenzó en el año 538 y terminó en el 710 d. C.**

62. **Durante este periodo, gran parte de Japón se unió por primera vez**, al menos nominalmente, bajo un mismo gobernante.

63. Uno de los hombres más influyentes de la historia de Japón fue **el príncipe Shotoku Taishi**, que gobernó durante un tiempo a finales del siglo VI y principios del VII.

64. **Al príncipe Shotoku se le atribuye haber ayudado a unificar Japón bajo un solo gobernante, haber** promovido **el budismo** y haber **adoptado la cultura** y la educación **china**.

65. **Durante este periodo, el budismo llegó a Japón procedente de Corea y China**. Esta religión aportó muchas prácticas culturales nuevas, como estilos artísticos, literatura, música y filosofía, entre otras. El budismo ayudó a dar forma a la cultura japonesa.

66. **Al príncipe Shotoku se le atribuye la creación de un gobierno centralizado** basado en los modelos de gobierno chinos.

67. **El gobierno japonés también se basaba en principios confucianos** como el respeto a las figuras de autoridad y a la sociedad en general. Estas ideas se convirtieron en una parte integral de la cultura japonesa conocida hoy como *wa*, concepto que se refiere a la armonía entre individuos dentro de un contexto social amplio.

68. En el 604, **el príncipe Shotoku redactó la Constitución de los diecisiete artículos**, en la que se esbozaba cómo debían vivir las personas **de acuerdo con las enseñanzas budistas** y los códigos morales de conducta.

69. **A lo largo del periodo Asuka se construyeron templos y santuarios budistas**, muchos de los cuales siguen en pie hoy en día y son importantes hitos culturales de Japón.

70. El *Kojiki* (registro de asuntos antiguos) se compiló durante este periodo y es un **importante texto que narra la historia temprana de Japón,** desde su fundación hasta el año 628 de la era cristiana. Fue completado por el erudito de la corte O no Yasumaro en el 712.

71. **Aunque se recopilaron en el siglo VIII, el *Nihon Shoki* y el *Fudoki* ofrecen una visión del periodo Asuka,** ya que entrelazan los registros escritos con las tradiciones orales. Aunque son fuentes valiosas, estos atisbos del pasado requieren una evaluación cuidadosa para diferenciar la realidad histórica de las interpretaciones culturales.

72. **En el periodo Asuka se produjeron avances tecnológicos como la metalurgia, con la fabricación de armas de hierro para uso militar,** y la fabricación de papel en todo el país, lo que llevó a un aumento de la alfabetización entre las clases altas.

73. **A los plebeyos no se les enseñaba a leer porque no se consideraba necesario para ellos.** Se esperaba que trabajaran en el campo o que desempeñaran otros trabajos manuales.

74. **El periodo Asuka debe su nombre a la región de Asuka, en la prefectura de Nara**, donde se encontraba la capital de Japón. La región de Asuka fue un importante centro de actividad política, económica y cultural durante este período.

75. **El arte floreció con esculturas de figuras religiosas talladas en madera o hechas con porcelana.** Los templos de todo el país estaban decorados con murales, que añadían color a estos espacios sagrados.

76. En **la poesía, durante esta época se hizo popular el** *tanka*, un poema de treinta sílabas que a menudo se centra en las emociones.

77. **Los artesanos eran muy hábiles trabajando el metal, creando intrincados espejos de bronce decorados con imágenes budistas o escenas de la naturaleza.** Estos objetos se utilizaban para fines prácticos y para ofrendas rituales en santuarios.

78. **El periodo Asuka vio el surgimiento de clanes poderosos, como el clan Soga,** que tuvo una gran influencia en la política durante esta época.

79. **Durante este periodo se acuñaron las primeras monedas autóctonas de Japón**, que se utilizaban para el comercio. Sin embargo, el trueque seguía siendo popular.

80. **Aunque no hay ningún acontecimiento que marque el paso de un periodo a otro, el traslado de la capital japonesa de Asuka a Nara,** en el año 710 d. C., es la transición simbólica del periodo Asuka al periodo Nara.

Periodo Nara
(710-784 d. C.)

Este capítulo explora **la intrigante historia de Japón durante el periodo Nara**. Aprenda muchos datos interesantes y descubra cómo **la cultura china influyó en el arte, la arquitectura y la literatura japonesas**. Durante este periodo se produjeron muchos acontecimientos apasionantes, ¡así que no se los pierda!

81. En el año 710 d. C., **el emperador Gemmei trasladó la capital de Japón de Fujiwara a Heijo-kyo** (actual Nara). El nombre de este periodo, que duró entre el 710 d. C. y el 784 d. C., proviene de este cambio de capital.

82. **Nara fue un importante centro de cultura y aprendizaje durante su época como capital.** Se construyeron muchos templos y santuarios importantes en la ciudad, incluyendo el templo Todai-ji, que alberga al *Gran Buda de Nara*.

83. *El Gran Buda de Nara*, **una estatua de bronce construida en el siglo VIII**, mide quince metros de altura. En la actualidad, turistas de todo el mundo van a visitar la estatua.

84. **El budismo comenzó a hacerse más popular durante este periodo**. Muchos textos budistas fueron traídos desde China.

85. **La cultura china ejerció una gran influencia en el periodo Nara. Su sistema de escritura, su arquitectura e incluso su comida** fueron adoptados y luego adaptados a la creciente cultura japonesa.

86. **Durante esta época se desarrolló un sistema único de propiedad de la tierra llamado *shoen*,** que protegía a los campesinos de la explotación por parte de poderosos aristócratas. Este sistema tuvo cierta eficacia, aunque más tarde, en el periodo Samurái, los agricultores y otros plebeyos no tenían prácticamente ningún derecho.

87. En el año 743 de la era cristiana, **el emperador Shomu ordenó construir templos por todo Japón para extender el budismo por todo el país.**

88. **La obra de arte más famosa de este periodo se conoce como la** *Tríada de Yakushi,* que fue trasladada a Nara cuando cambió la capital. Es una escultura de bronce que representa al **Buda de la Curación** flanqueado por dos *bodhisattvas.*

89. **Aunque los emperadores de Nara gobernaban una gran parte de Japón,** no tenían el control de gran parte del país. La isla septentrional de Hokkaido, por ejemplo, no se adhirió a Japón hasta 1869.

90. **Hokkaido es una tierra de clima extremo, nieve y montañas.** Estuvo habitada por el pueblo aborigen *ainu,* que fue adherido a la fuerza por los japoneses entre los siglos XIX y XX.

91. **Durante esta época se escribieron grandes obras literarias, como el** *Man'yoshu,* que es una colección de más de 4.500 poemas. **El** *Man'yoshu* es la colección de **poesía japonesa** más antigua que existe. Fue recopilada **en el periodo Nara por Otomo no Yakamochi** (718-785), poeta y erudito de la corte.

92. **El periodo Nara marcó el inicio de las relaciones diplomáticas formales de Japón con otros países.** Las misiones diplomáticas y los embajadores de China y Corea comenzaron a visitar Japón en el año 736 de la era cristiana.

93. **Aunque ya era conocido en otros periodos, el famoso vino de arroz** (sake) comenzó a producirse en cantidades masivas durante **el periodo Nara.**

94. **Festivales tradicionales como el Gion Matsuri se originaron en el periodo Nara,** posiblemente para agradecer a los dioses por las buenas cosechas. Aunque hay vestigios de este festival en el siglo VII, **la celebración anual establecida del Gion Matsuri** se consolidó más tarde y evolucionó hasta convertirse en el renombrado festival que es hoy en día.

95. **El periodo Nara también desempeñó un papel en la evolución del sintoísmo. El aumento del budismo ayudó a normalizar nuevas prácticas** y las deidades de ambas religiones se mezclaron. Con el tiempo, se añadieron rasgos budistas a los santuarios.

96. **Los santuarios locales y las prácticas comunes preservaron el núcleo del sintoísmo.** Los registros del periodo Nara sentaron las bases para posteriores resurgimientos de la filosofía sintoísta.

97. **El sintoísmo es la religión autóctona de Japón. Es una religión politeísta que venera a muchos dioses llamados *kami*.** Los *kami* son todas las cosas que se consideran sagradas o poderosas, como montañas, ríos, árboles e incluso animales.

98. **El sintoísmo no tiene un fundador ni un texto sagrado. Se basa en tradiciones y prácticas orales transmitidas durante generaciones.**

99. **El sintoísmo profesa una forma de vida que enfatiza en la naturaleza, la pureza** y los rituales. El sintoísmo no hace proselitismo y no exige a sus seguidores creer en nada particular. Es una religión personal que cada individuo interpreta a su manera.

100. Durante siglos, **en Nara, los ciervos *sika*** (a menudo llamados «ciervos de Nara») deambulan libremente. Son venerados como **mensajeros de los dioses sintoístas.** Protegidos como tesoros nacionales, simbolizan la identidad cultural de la región y atraen al turismo.

Periodo Heian
(794-1185 d. C.)

Este capítulo explora **la atractiva historia del periodo Heian**. Explore veinte **datos interesantes sobre la cultura de Japón durante esta época**, en donde el arte floreció con importantes logros en **pintura, caligrafía y poesía,** además de grandes avances arquitectónicos. También surgieron poderosos guerreros.

101.. **El periodo Heian comenzó en el 794 d. C., cuando la capital de Japón se trasladó a la actual Kioto**, y finalizó en el 1184.

102. **El término «*heian*» significa «paz» o «tranquilidad»,** lo que refleja la estabilidad política y el crecimiento económico de este periodo.

103. **Kioto se convirtió en el centro de la política japonesa durante este periodo. El emperador Kanmu construyó un palacio** y grandes jardines para su corte en esta ciudad.

104. **Durante el periodo Heian, el arte floreció con avances en pintura, caligrafía, poesía, música y literatura.** A menudo se hace referencia al periodo Heian como la Edad de Oro de Japón.

105. **Los libros copiados a mano se hicieron populares durante este período**, en donde gente de clase alta copiaba textos chinos con fines educativos o de entretenimiento.

106. **La copia de textos chinos contribuyó al desarrollo de las habilidades caligráficas** y a una comprensión más profunda de **la lengua y la cultura clásica china** entre la élite culta de Japón.

107. *Los Cuentos de Ise*, **atribuidos a poetas de la era Heian,** mezclan narraciones anónimas con poemas románticos que exploran el amor, la aventura y la impermanencia de la belleza.

108. **Varios artistas desarrollaron sus propios estilos, como el *Yamato-e*** (hoy considerado el estilo clásico de pintura japonesa).

109. **Las mujeres de clase alta tuvieron más libertad intelectual y algunas incluso se convirtieron en poetas famosas, como Sei Shonagon.** Es importante recordar que la gran mayoría de las mujeres japonesas tenían pocos derechos, si es que tenían alguno, hasta bien avanzado el siglo XX.

110. El budismo de la Tierra Pura, que se introdujo en Japón en el siglo VIII, se convirtió en una forma de budismo muy extendida y popular durante la era Heian.

111. El budismo de la Tierra Pura enfatizaba en la devoción al Buda Amitabha (un antiguo monje) y la aspiración a renacer en su Tierra Pura, un reino de iluminación y liberación.

112. Hubo muchas figuras históricas importantes en esta época, como Fujiwara no Michinaga, que fue uno de los políticos más poderosos de Japón. Pertenecía al clan Fujiwara, que controlaba Japón en la corte imperial en los siglos X y XI.

113. En el periodo Heian también se desarrollaron complejas ceremonias cortesanas y se establecieron normas sobre cómo debía comportarse la gente **ante el emperador** u otros altos cargos.

114. Aunque no se conservan castillos completos de la era Heian, los vestigios y las evidencias arqueológicas cuentan su historia. En la fortificación de Fujiwara no Sumitomo (década de 940) son visibles los movimientos de tierra y los fosos, que ofrecen una visión de las estructuras defensivas de la era Heian.

115. El periodo Heian también fue testigo del desarrollo de un sistema de escritura japonés llamado *kana*, que utiliza sílabas derivadas de caracteres chinos.

116. El *kana* se divide en dos escrituras silábicas: *hiragana* y *katakana*. Estas escrituras se desarrollaron como versiones simplificadas de los caracteres chinos (*kanji*) para representar los sonidos fonéticos nativos japoneses.

117. *El Libro de la Almohada* es una obra clásica de la literatura japonesa escrita por la dama de la corte Sei Shonagon durante el periodo Heian. Es una colección de ensayos, anécdotas, observaciones y reflexiones que ofrecen una visión vívida e íntima de la vida cotidiana, los pensamientos y las experiencias de la sociedad aristocrática de la corte de Kioto.

118. Durante esta época se desarrolló un nuevo tipo de música llamada *gagaku*. Este estilo musical estaba influenciado por la música cortesana china.

119. Un ejemplo famoso de la arquitectura Heian es el templo Byodo-in, situado cerca de Kioto. Hoy en día, muchos visitantes lo visitan para admirar la hermosa arquitectura y las obras de arte de la era Heian.

120. Hacia el final del periodo Heian, el clan Fujiwara se debilitó. Comenzó una lucha por el poder entre dos grandes clanes, **los Minamoto y los Taira**, y sus aliados. La lucha terminó con la victoria de **Minamoto no Yoritomo sobre los Taira en Dan-no-Ura,** en 1185.

Periodo Kamakura
(1185-1333)

Este capítulo explora **la fascinante historia del periodo Kamakura**. Revise veinte datos interesantes sobre este periodo, **como el florecimiento del budismo zen y la importancia de los samuráis**. También se descubre cómo **los japoneses derrotaron a los invasores mongoles dirigidos por Kublai Khan**. Explore la evolución de la cultura japonesa y descubra por qué este periodo pasó a la historia.

121. Durante este periodo, **la capital de Japón se trasladó de Kioto a Kamakura** (a unos cuarenta kilómetros al suroeste de la actual Tokio), de ahí su nombre. A partir de aquí, **Kamakura se convirtió en un importante centro político** durante muchos siglos.

122. **Durante este tiempo, se estableció un nuevo gobierno militar llamado** *shogunato*, con Minamoto no Yoritomo como primer *shogun*, un líder político militar.

123. **Yoritomo Minamoto fue criado dentro del clan Taira tras la muerte de su padre en una batalla.** Sin embargo, él y sus hermanos eran considerados una amenaza y fueron exiliados. Durante el exilio, forjó alianzas y una fuerza militar con la que finalmente derrotó a los Taira.

124. **El budismo zen floreció en Japón durante esta época** y tuvo un gran impacto en todos los aspectos de la cultura japonesa, incluyendo el arte, la arquitectura, la literatura y la filosofía, entre otros.

125. **El budismo zen es una escuela del budismo mahayana** que enfatiza en la experiencia directa y la meditación como medios para alcanzar la iluminación. Se originó en China, pero más tarde se introdujo en Japón.

126. **Los samuráis de la era Kamakura encontraban el budismo zen profundamente atractivo.** Su enfoque en la disciplina, la simplicidad y la aceptación de las dificultades reflejaba los valores de estos guerreros.

127. **Durante esta época, un gran número de samuráis fueron retenidos por los señores para proteger sus territorios de otros clanes invasores.** A partir de ahí nació el término retenedor, que designa a alguien que mantiene y defiende tierras para un señor a cambio de favores, poder, tesoros o influencias.

128. **El feudalismo se desarrolló rápidamente en Japón durante esta época** de forma muy similar al feudalismo de la Europa occidental.

129. **El período Kamakura fue una época de continuos intercambios culturales con China**, que aportó nuevas ideas a Japón y muchos nuevos principios budistas.

130. **Una de las obras literarias más famosas del periodo Kamakura es** *El cuento de los Heike* (Heike Monogatari), una narración épica que relata el ascenso y la caída del clan Taira y la guerra Genpei entre los clanes Taira y Minamoto.

131. **En 1274 y en 1281, el líder mongol Kublai Khan dirigió una invasión de Japón, pero fue derrotado por los japoneses,** que contaron con la ayuda de dos tifones que destruyeron muchos barcos mongoles durante las invasiones.

132. **Los japoneses llaman a los tifones** *kamikaze* («viento divino»). El término fue acuñado durante la invasión mongola de 1281.

133. **Aunque mucha gente cree que los tifones pusieron fin a la invasión mongola antes de que comenzara**, las tropas mongolas pudieron desembarcar en Japón y libraron costosas batallas.

134. **Durante esta época, Japón experimentó un periodo de crecimiento económico debido a la expansión del comercio con China y Corea,** lo que provocó una mayor urbanización en algunas zonas.

135. **Durante este periodo se desarrolló el teatro** *noh,* **una forma de drama musical que combina máscaras, música, danza** y cánticos en una representación con fines de entretenimiento o religiosos.

136. El *noh* se sigue representando hoy en día, pero más como un entretenimiento de clase alta similar a lo que significa la ópera en Occidente.

137. **La poesía floreció durante el periodo Kamakura. El** *renga* (verso enlazado) creció en popularidad y fue usado por muchos poetas famosos que nacieron durante esta época.

138. **Durante el periodo Kamakura, los samuráis ganaron prominencia como élite militar y social dominante.** Constituían la columna vertebral de las fuerzas militares del *shogunato* y ocupaban puestos clave en la administración. Esto marcó una transición de la anterior cultura aristocrática de la corte a una sociedad en la que la destreza militar y los valores marciales tenían mayor importancia.

139. **En la actualidad, la ciudad de Kamakura, que se encuentra a unos treinta y cinco kilómetros al suroeste de Tokio, atrae a cientos de miles de turistas cada año,** sobre todo por sus réplicas de aldeas samuráis, recreaciones de batallas y templos.

140. **El periodo Kamakura llegó a su fin debido a conflictos internos y cambios en el poder político.** Finalizó en 1338 con la ascensión de Ashikaga Takauji como *shogun*.

Periodo Muromachi
(1336-1573)

Este capítulo **explora el periodo Muromachi en Japón, una época de fuerte militarización**. Conozca veinte datos interesantes sobre esta época y aprenda algunas historias cautivadoras sobre **la guerra Onin, la tecnología, el arte y el comercio.**

141. **El periodo Muromachi** en Japón comenzó en 1336, cuando **el señor samurái Ashikaga Takauji se convirtió en una figura dominante**. Fue nombrado *shogun* por la corte imperial en 1338.

142. **El periodo Muromachi fue una época de fuerte dominio militar.** Los guerreros samurái eran muy influyentes, al igual que los clanes poderosos, como los Takeda, Uesugi, Hojo y Mori.

143. Inicialmente, **Takauji fue nombrado *shogun* por el emperador Go-Daigo**, a quien más tarde derrocó para establecer su propio shogunato, el Ashikaga.

144. **La enemistad de Takauji con el sucesor de Go-Daigo creó dos cortes rivales**. Una complicada serie de acontecimientos terminó con dos familias rivales disputándose el control de Japón.

145. **El budismo zen se hizo aún más popular**, al igual que las prácticas de meditación llamadas *zazen*, utilizadas por los guerreros samurái.

146. Aunque **la guerra Onin** (1467-1477) **comenzó como un conflicto localizado**, se extendió y **enfrentó a dos facciones dentro de la corte**. Destruyó gran parte del centro y el oeste de Japón.

147. **Tras la guerra Onin se produjo un aumento significativo de las guerras entre clanes en todo Japón.** Aunque hubo periodos de paz, **Japón permaneció en guerra constante prácticamente hasta 1600.**

148. **La ceremonia del té japonesa que reconocemos hoy en día surgió durante el periodo Muromachi y se convirtió en una parte importante de la cultura samurái** para mostrar respeto a los invitados. También incorpora elementos de la meditación zen.

149. **Uno de los libros más influyentes y populares del periodo Ashikaga es** *Tsurezuregusa*, a menudo traducido como *Ensayos sobre la ociosidad o La cosecha del ocio*. Fue escrito por **el monje japonés Yoshida Kenko** en la década de 1330, pero siguió siendo muy popular. Se considera un **clásico de la literatura japonesa** y ofrece una visión de la mentalidad y la cultura del periodo **Muromachi** y posteriores.

150. **La arquitectura y el diseño de interiores florecieron con el desarrollo de nuevos estilos, como el estilo** *shoin*, que presentaba esteras de tatami, puertas corredizas y estanterías conocidas como *chigaidana*.

151. **Los jardines zen o jardines de rocas se hicieron populares durante el periodo Muromachi**. Daban a los espacios una sensación de tranquilidad y paz, en oposición a todas las guerras que se desarrollaban en Japón.

152. **Aunque hubo muchos conflictos en esta época, también se produjeron innovaciones en artes como la pintura, la caligrafía y la escultura**, lo que dio lugar a algunas obras de gran belleza.

153. En 1543, **los primeros europeos, comerciantes portugueses, llegaron a Japón e introdujeron nuevas mercancías como armas, tabaco y licores destilados**, e ideas como el cristianismo.

154. **En el periodo Muromachi aumentó el comercio con China y Corea** debido a que había una mayor estabilidad tras años de guerras entre clanes.

155. **Las mujeres tenían roles limitados, pero ganaron influencia a través de bodas concertadas y ceremonias importantes en la corte**, donde podían mostrar habilidades como el canto y el baile.

156. **El cultivo del arroz mejoró durante este periodo**, por lo que se produjeron más alimentos que nunca y la población de todo el país creció considerablemente.

157. **Este periodo vio el auge de la poesía haiku y el teatro noh,** que se convirtieron en formas populares de entretenimiento.

158. En 1568, **Oda Nobunaga comenzó su campaña para unificar Japón**, que duró hasta su muerte en 1582, cuando **Toyotomi Hideyoshi** tomó el poder, completando lo que se conoce como la unificación de Japón.

159. En 1573, **el señor de la guerra Oda Nobunaga saqueó la ciudad de Kioto**, poniendo fin al **periodo Muromachi**.

160. **Con la ascensión de Nobunaga,** todo Japón se unificó bajo un solo gobierno por primera vez en su historia.

Periodo Azuchi-Momoyama
(1573- 1600)

El periodo Azuchi-Momoyama fue una época de grandes cambios en Japón, ya que el país se unificó bajo un líder fuerte y experimentó avances en el comercio y la industria. **Durante este periodo, se construyeron castillos por todo el país, se concedieron más derechos a los samuráis** y se popularizó la ceremonia del té. A continuación, se presentan veinte datos interesantes sobre este cautivador periodo que dio forma a la sociedad japonesa.

161. **El período Azuchi-Momoyama fue una época de grandes cambios en Japón,** ya que el país se unificó bajo un líder fuerte, primero bajo **Oda Nobunaga** y luego **Toyotomi Hideyoshi.**

162. En 1573, **el señor de la guerra Oda Nobunaga conquistó Kioto,** la capital. Nobunaga no asumió el título de *shogun* por muchas razones. Sin embargo, gobernaba desde otras posiciones.

163. **Nobunaga es considerado el primero de los tres «grandes unificadores» de Japón.**

164. **Nobunaga trasladó su cuartel general al castillo de Azuchi, en el lago Biwa, cerca de Kioto,** en 1576, dando así a este período su nombre, **«Azuchi-Momoyama.»**

165. **Además de la unificación política de Japón**, otros grandes cambios durante este periodo fueron los avances en el comercio y la industria, el mayor uso de armas de fuego y nuevas técnicas mineras.

166. En 1582, **Nobunaga fue asesinado por su antiguo aliado y general, Akechi Mitsuhide**, después de haber reunificado el país.

167. Al final de este periodo, **se habían construido cientos de castillos por todo Japón;** algunos de los más famosos son **el castillo de Osaka y el castillo de Kumamoto.**

168. **La clase samurái obtuvo mayores derechos y privilegios durante este periodo. Los samuráis solo representaban entre el 7 % y el 10 % de la población de la época,** pero tenían todo el poder.

169. **A los samuráis se les permitía vestir con colores vivos, lo que les diferenciaba de los plebeyos,** que debían usar tonos más apagados, como el negro o el gris.

170. **Las ceremonias de té florecieron durante el periodo Azuchi-Momoyama**. Estas ceremonias eran una forma frecuente en que las personas de alto rango presumían de su riqueza y poder. Organizaban elaboradas reuniones con costosos productos importados de China.

171. **Uno de los generales de Nobunaga fue Toyotomi Hideyoshi**, cuyo talento y ambición le permitieron entrar en la clase samurái. **Hideyoshi provocó la caída de Akechi Mitsuhide y se convirtió en *kampaku*, o consejero principal del emperador**, cargo que ocupó de 1585 a 1592.

172. **Hideyoshi no pudo convertirse en *shogun* debido a su origen campesino.**

173. **Toyotomi Hideyoshi se convirtió en un importante mecenas de las artes y la arquitectura.**

174. **En el periodo Azuchi-Momoyama aumentó el comercio con otros países, lo que trajo a Japón nuevos productos como el tabaco, la caña de azúcar y la papa.** Los europeos comenzaron a llegar a Japón en el siglo XVI.

175. **En 1588, Toyotomi Hideyoshi ordenó la famosa «caza de espadas», que prohibía a la posesión de armas blancas** (excepto para los samuráis). Este fue un intento de reducir la violencia, mantener el orden y reducir las posibilidades de levantamientos campesinos contra el dominio samurái.

176. En 1603 **vivían en Japón más de tres millones de personas**, lo que lo convertía en uno de los países más densamente poblados de Asia Oriental en aquella época.

177. **La primera misión diplomática oficial japonesa a Europa fue en 1582**. El *daimyo* Ōtomo Sōrin envió la embajada Tenshō, que fue recibida oficialmente por los gobernantes europeos. Esta misión buscaba el diálogo religioso y el establecimiento de lazos comerciales y políticos.

178. La economía floreció durante todo el gobierno de **Nobunaga**. Los comerciantes, aunque mal vistos socialmente, empezaron a acumular riquezas. Nobunaga promovió el comercio internacional.

179. Cuando Hideyoshi murió, en 1598, **se produjo un vacío de poder en Japón, con muchos clanes luchando por el control.**

180. Tras la muerte de Nobunaga en 1582, **Toyotomi Hideyoshi** dominó, pero se enfrentó a los desafíos de Tokugawa Ieyasu, **antiguo general de Nobunaga**. Aunque inicialmente se alió con el hijo de **Hideyoshi**, Ieyasu derrotó decisivamente a ambas fuerzas en **Sekigahara** en el 1600. Mediante complejas maniobras, aseguró la paz, allanando el camino para el *shogunato* de Ieyasu.

Periodo Edo
(1603-1867)

El periodo Edo fue una época de gran desarrollo cultural y político en Japón. Durante este periodo, la circulación por el país estaba restringida para mantener el orden mientras florecía la cultura. Se produjeron avances en la tecnología militar y aumentó la tasa de alfabetización. Explore todo esto con veinticinco datos interesantes sobre este periodo, que dio forma a la sociedad japonesa moderna.

181. **El periodo Edo, también conocido como periodo Tokugawa**, comenzó en 1603, cuando **Tokugawa Ieyasu se convirtió en** *shogun* **de Japón, y duró hasta 1867.**

182. Durante este periodo, Japón estaba dividido en unos trescientos dominios feudales gobernados por poderosos señores locales llamados *daimyo*, que eran leales al *shogun*.

183. **El** *shogun* **gobernaba en nombre del emperador,** que para entonces era solo una figura decorativa.

184. **En 1635 se promulgó el Edicto Sakoku.** **«***Sakoku***» significa «país cerrado» o «política aislacionista»,** y el edicto prohibía a todos los japoneses viajar al extranjero. También limitaba a los extranjeros, en su mayoría europeos, a una pequeña zona en la ciudad portuaria meridional de Hiroshima, con pocas excepciones.

185. **El incumplimiento del Edicto Sakoku se castigaba con la muerte. Japón** entró en una era de doscientos años de aislamiento del resto del mundo.

186. **Debido al edicto, no entraron en Japón nuevas ideas o tecnologías extranjeras**. Así, cuando la política de aislamiento terminó, a mediados del siglo XIX, Japón llevaba un retraso de doscientos años con respecto a gran parte del mundo, en particular Europa y América.

187. **En gran parte de Japón, los viajes estaban muy restringidos, especialmente para los que no eran samuráis.** A menudo se necesitaban permisos, había puestos de control por todas partes y se imponían impuestos de viaje y peajes.

188. **El budismo seguía siendo una parte importante de la vida en el período Edo,** pero el sintoísmo comenzó a ganar popularidad de nuevo debido a su enfoque en las tradiciones japonesas y la reverencia por el emperador.

189. **El período Edo se caracterizó por un aumento de la alfabetización,** especialmente entre la clase mercantil, que creció en poder e influencia durante el período Edo.

190. **Ciudades como Edo (actual Tokio) crecieron rápidamente.** Se convirtieron en importantes centros de comercio, donde los grandes mercados se llenaban de bienes procedentes de todo el país y, a veces, incluso del extranjero.

191. **Una forma popular de entretenimiento durante este periodo fue el *kabuki*,** obras en las que los actores se vestían con elaborados trajes para contar historias sobre el amor, la guerra y otros temas a través de la música, la danza y el diálogo.

192. **El *kabuki* era más popular entre las clases populares y los samuráis de menor rango que entre los de mayor prestigio.**

193. **En el *kabuki*, los papeles femeninos eran interpretados por actores masculinos.** Hacer actuar a mujeres se consideraba demasiado provocativo para el público.

194. **La lucha de sumo se hizo cada vez más popular entre la gente,** que disfrutaba viéndola en los torneos celebrados en las ciudades de todo Japón.

195. **En el sur de Japón, el cristianismo se comenzó a arraigar entre una parte cada vez mayor de la población.** La religión había crecido lentamente con la llegada de los europeos a principios del siglo XVI.

196. **Aunque algunos señores samuráis se hicieron cristianos,** la mayoría, incluidos los *shogun*, lo consideraron una amenaza.

197. **Durante la Rebelión de Shimabara, en el sur de Japón, entre 1637 y 1638, el gobierno inició una violenta persecución a los cristianos** que causó decenas de miles de muertos y llevó la religión a la clandestinidad.

198. Los guerreros samurái seguían siendo miembros importantes de la sociedad, aunque su papel cambió, pasaron del campo de batalla a ocuparse de la gobernanza y el cumplimiento de la ley.

199. Hacia el final del periodo Edo, gran parte de la clase samurái se había vuelto ociosa. Muchos desarrollaron problemas con el juego y el alcohol derivados del ocio y la pérdida de poder.

200. En el periodo Edo se produjeron avances en la tecnología militar y las armas de fuego se hicieron cada vez más populares entre los samuráis, aunque no sustituyeron por completo las espadas.

201. La tecnología de las armas procedía de los europeos, principalmente de los holandeses, que eran los socios comerciales preferidos del *bakufu*, o «gran carpa», como se denominaba al gobierno. El término hace referencia a los primeros *shogun* que celebraban juicios y audiencias en una gran carpa. Actualmente, la palabra se usa como sinónimo de *shogunato*.

202. Durante esta época, se estableció un sistema llamado escuela *han*, o «de dominio». Los niños de familias ricas recibían una educación adecuada a su clase social, mientras que los niños más pobres recibían educación formal muy básica.

203. En 1682, se aprobó una ley que obligaba a todos los hogares de Japón a registrarse en la oficina del gobierno local para que las autoridades hicieran un seguimiento de las personas que vivían allí o que venían de visita desde otras partes del país.

204. A finales del periodo Edo, alrededor de la mitad de los japoneses vivía en ciudades, lo que convirtió a Japón en uno de los países más urbanizados de la época.

205. El último *shogun*, Tokugawa Yoshinobu, dimitió en 1867, lo que marcó el fin del periodo Edo y del *shogunato* Tokugawa.

El fin del aislamiento y la Restauración Meiji
(1853-1912)

La Restauración Meiji fue un periodo de grandes cambios en Japón porque el país empezó a modernizarse. Durante esta época, **el emperador Meiji introdujo reformas para sustituir los antiguos sistemas feudales de propiedad de la tierra por la propiedad privada,** aumentó las libertades y derechos de las personas independientemente de su estatus social o riqueza, renovó el sistema educativo y abrió Japón a la influencia extranjera a través del comercio y las relaciones diplomáticas. Explore todo esto a través de veinte datos interesantes.

206. En 1853, **y de nuevo al año siguiente, una poderosa flota naval estadounidense llegó a Japón.** Se negó a marcharse hasta que el país se abriera al comercio, poniendo fin a la política de aislamiento de Japón.

207. En 1868, **el emperador Meiji subió al trono e inició el periodo conocido como la Restauración Meiji.**

208. **El objetivo de este periodo era modernizar e industrializar Japón** para que alcanzara a las potencias occidentales, proteger su independencia y, finalmente, convertirse en una potencia moderna.

209. **Una de las primeras reformas realizadas durante esta época fue el cambio de los antiguos sistemas feudales de tierras** por un nuevo sistema basado en la propiedad privada llamado *kazoku seido* (sistema de familias nobles).

210. **Los samuráis perdieron sus privilegios y derechos especiales bajo el nuevo gobierno,** pero recibieron pensiones por sus servicios al imperio.

211. **Se introdujeron nuevas leyes que otorgaban más libertad e igualdad de derechos a las personas, independientemente de su estatus social o nivel de riqueza**; entre otras cosas, se prohibieron prácticas similares a la esclavitud, como la servidumbre por deudas y los contratos de trabajo forzado.

212. **El sistema educativo experimentó cambios significativos. La escuela primaria pasó a ser obligatoria para todos los niños** y las instituciones de enseñanza superior se

expandieron por todo el país, ofreciendo cursos de ciencias, matemáticas, literatura, filosofía, etc.

213. **Durante este periodo, Japón abrió sus puertas a la influencia y las ideas extranjeras**, lo que le ayudó a progresar rápidamente en tecnología, industria y fuerza militar. **Se construyeron ferrocarriles por todo el país** y líneas telegráficas que conectaban las ciudades.

214. **De 1868 a 1869 hubo una guerra civil llamada la guerra Boshin**. El conflicto enfrentó a las fuerzas que apoyaban al *shogunato* y las que deseaban la restauración del gobierno imperial. **Ganó el bando imperial, lo que condujo a la entronización del emperador Meiji**.

215. De 1894 a 1895, **Japón libró una guerra con China por el control de Corea, conocida como la primera guerra sino-japonesa**. Los japoneses vencieron con contundencia al cabo de solo seis meses y se apoderaron de Corea y Taiwán, esta última llamada Formosa.

216. De 1904 a 1905, **Japón luchó contra Rusia por la influencia en el Pacífico y en Corea. En la guerra ruso-japonesa,** las fuerzas japonesas volvieron a salir victoriosas, asegurando definitivamente el lugar de Japón en la escena internacional.

217. **Durante esta época, Japón se convirtió en el primer país de Asia Oriental en tener una constitución escrita,** que incluía disposiciones para cierta representación popular en el gobierno.

218. **Este periodo fue testigo de la expansión del Imperio japonés por Asia**. Japón tomó el control de Corea, Taiwán y partes de China, poniendo gobernantes títeres en estas regiones para asegurar su dominio.

219. **La era Meiji fue responsable de provocar revoluciones culturales,** como la creación de nuevos movimientos artísticos y un renovado interés por el sintoísmo.

220. En 1912, **falleció el emperador Meiji,** poniendo fin a su reinado y al proyecto de restauración que había modernizado Japón considerablemente.

221. La muerte del emperador marcó el inicio oficial del periodo Taisho (llamado así por el emperador Taisho), en el que se introdujeron nuevas reformas.

222. En Japón hay dos tipos de calendarios: el occidental, que se utiliza en todo el mundo, y el imperial. El calendario imperial se reinicia con la muerte de cada emperador.

223. El emperador recibe un nombre póstumo que describe su reinado. El verdadero nombre del emperador Meiji era Mutsuhito. Se le llamó Meiji, que significa «gobierno iluminado», solo después de su muerte.

224. Uno de los nuevos inventos que fascinó a Japón fue el tren a vapor. Estados Unidos regaló a los japoneses un tren a vapor en miniatura y **los japoneses hicieron ingeniería** inversa para comprender la tecnología.

225. Bajo el gobierno del emperador Meiji, muchas ideas extranjeras, como la introducción de estilos de ropa occidentales, se incorporaron a la cultura japonesa.

Periodo Taisho
(1912-1926)

El periodo Taisho fue una época de grandes cambios en Japón. Fue testigo de un auge económico, un gran terremoto y avances en la educación. He aquí veinte datos interesantes sobre esta atractiva época.

226. **El periodo Taisho comenzó en 1912 y terminó en 1926.**

227. **El emperador Taisho (Yoshihito) fue el 123º emperador de Japón. Yoshihito** tenía cierto grado de discapacidad mental. Poderosos personajes, en su mayoría de antiguas familias samuráis, gobernaron en su nombre.

228. **Durante los primeros años del período Taisho,** Japón experimentó un gran auge económico con un aumento de la producción y el consumo en todas las industrias y clases sociales.

229. **En 1914 comenzó la Primera Guerra Mundial. Japón se unió a los aliados y libró una serie de pequeñas batallas contra las fuerzas alemanas en China y el Pacífico.** Al final de la Primera Guerra Mundial, Japón recibió el control de muchos territorios alemanes en China y el Pacífico.

230. **Aumentaron las publicaciones, películas, emisiones de radio y las grabaciones musicales**, que introdujeron la cultura occidental en la vida cotidiana japonesa.

231. **Más personas tuvieron acceso a la educación, lo que llevó a una mayor conciencia de los derechos civiles entre los ciudadanos**, incluidos los movimientos de derechos de la mujer como las campañas de sufragio para la representación política y los movimientos obreros para mejorar las condiciones de trabajo.

232. **El gobierno promulgó varias leyes, como las de educación obligatoria, que ampliaron las oportunidades educativas**, haciéndolas accesibles incluso a quienes procedían de estratos socioeconómicos más bajos.

233. **En 1916 se celebraron las primeras elecciones nacionales, que permitieron a los ciudadanos votar a sus representantes locales.** Las mujeres no podían votar en esa época.

234. En 1918, el béisbol era uno de los deportes más populares en Japón y su popularidad siguió creciendo a lo largo del siglo XX.

235. **En 1923, un terremoto conocido como el gran terremoto de Kanto sacudió Tokio, matando a más de 100.000 personas.** El número de muertos fue tan elevado porque gran parte de Tokio estaba construida con madera y el fuego destruyó gran parte de la ciudad.

236. **El año 1923 fue testigo de un auge del nacionalismo, que llevó al apoyo popular de la expansión militar en Asia y otras regiones.** Este nacionalismo creció hasta convertirse en un tipo único de fascismo a mediados de la década de 1930.

237. **En 1924 se aprobó la Ley Electoral General,** que permitía el derecho al voto a todos los hombres mayores de veinticinco años, independientemente de su patrimonio o condición social.

238. Japón ingresó en la Sociedad de las Naciones en 1920. **El objetivo principal de esta organización era el mantenimiento de la paz internacional,** pero fracasó por muchas razones. Japón se retiró en 1933, después de que la organización condenara su anexión de Manchuria.

239. **Tanto en Japón como en Estados Unidos, los militares comenzaron a planificar lo que consideraban una guerra inevitable entre ambos países. Japón se estaba expandiendo hacia China,** aliado estadounidense, y hacia el Pacífico. Estados Unidos tenía territorios en todo el Pacífico, incluida la colonia de Filipinas.

240. **En el acuerdo de paz firmado con Rusia, Japón había anexado territorios rusos en el sur de Manchuria,** incluida la industrializada península de Kwantung en la costa. Más tarde, este fue el punto de partida para la invasión japonesa del resto de Manchuria en la década de 1930.

241. **El periodo también trajo consigo la cultura Taisho, que incluía movimientos artísticos como el *shin-hanga* y la literatura,** incluyendo novelas de ficción y *tankas* o poemas de autores de renombre como Jun'ichiro Tanizaki.

242. **En la década de 1920, Japón, como muchos otros países del mundo, experimentó una invasión de la cultura estadounidense, que incluía películas, ropa, deportes, danza y muchas otras cosas.** A muchos les encantaron las novedades que llegaban, pero a muchos no.

243. **Se produjo un crecimiento del consumismo, con un aumento de la producción de artículos, desde productos alimenticios hasta marcas de ropa. Japón también recibió importaciones de otras partes del mundo, especialmente de América y Europa.**

244. En 1926, **Japón se había convertido en una potencia industrial. El país producía automóviles,** refinaba acero e incluso hacía barcos para la exportación.

245. **Esta era terminó cuando el emperador Hirohito ascendió al trono, dando paso a la era Showa.**

Periodo Showa
(1926-1989)

El periodo Showa marcó una época de rápidos avances en Japón. Durante este periodo, Japón experimentó los altibajos de organizar los Juegos Olímpicos y las catástrofes naturales como los terremotos. Explore veinte datos interesantes sobre este fascinante periodo que dio forma a la sociedad japonesa durante generaciones.

246. **El periodo Showa comenzó en 1926, cuando el emperador Hirohito subió al trono, tras la muerte de su padre.**

247. **Fue una época de rápida industrialización y crecimiento económico para Japón,** con nuevas tecnologías que se utilizaron para desarrollar bienes como radios y automóviles.

248. **En 1931, Japón invadió Manchuria (en China), comenzando la Segunda Guerra Mundial en Asia** antes de que iniciara en Europa en 1939.

249. **Durante la Segunda Guerra Mundial, muchos japoneses lucharon en los campos de batalla de todo el mundo.** Algunos incluso se ofrecieron como voluntarios como pilotos suicidas, llamados kamikaze, durante las batallas entre 1944 y 1945.

250. **En 1945, Japón se rindió, poniendo fin a la Segunda Guerra Mundial. Las fuerzas aliadas ocuparon el país hasta 1952.**

251. **Durante este tiempo, se introdujo la democracia en Japón como parte de un amplio programa de reformas políticas impuesto por Estados Unidos.**

252. A finales de la década de 1950, **se produjo un enorme aumento de las manufacturas y las exportaciones japonesas,** lo que condujo a una mayor riqueza para muchas personas que vivían allí en ese momento.

253. **En esa época, la mayor parte de las manufacturas eran bienes de consumo pequeños y baratos.** En la década de 1960, Japón comenzó a producir productos manufactureros más pesados como automóviles, camiones y barcos.

254. **El milagro económico japonés comenzó en la década de 1960.** Japón alcanzó una de las tasas de crecimiento económico más altas de la historia mundial.

255. **Tokio acogió los Juegos Olímpicos de Verano de 1964, lo que supuso el regreso simbólico de Japón a la comunidad de las naciones tras su agresivo papel en la Segunda Guerra Mundial.**

256. En 1964, **un fuerte terremoto sacudió la prefectura de Niigata. El sismo causó una destrucción generalizada**, demoliendo más de 3.500 casas y afectando 11.000 más. Aunque el número de víctimas fue relativamente bajo, un tsunami provocado por el sismo afectó a las zonas costeras.

257. **Durante este periodo se produjeron importantes avances en ciencia y tecnología, y se concedieron premios Nobel a científicos japoneses por sus trabajos sobre el láser** (1985) y la superconductividad (1987).

258. En 1972, **el emperador Hirohito visitó China, lo que supuso un importante paso en la mejora de las relaciones entre ambos países tras la Segunda Guerra Mundial**. En 1975, Hirohito realizó una polémica visita a Estados Unidos, su principal enemigo durante la Segunda Guerra Mundial.

259. A finales de la década de 1970 **se produjo un aumento de la conciencia política entre los jóvenes, que pedían al gobierno más libertad** y un mayor control de sus propias vidas.

260. En 1982, **Sony, un gigante japonés, lanzó su primer reproductor de discos compactos,** marcando el comienzo de una nueva era en el consumo de música en todo el mundo.

261. **En 1985, los ferrocarriles nacionales japoneses fueron privatizados y divididos en varias compañías ferroviarias regionales**, lo que dio lugar a un sistema ferroviario nacional más eficiente.

262. **Japón cuenta desde hace décadas con uno de los sistemas ferroviarios más modernos del mundo** y desarrolló el primer «tren bala» del mundo en 1964.

263. **El periodo Showa terminó en 1989, cuando el emperador Hirohito falleció tras gobernar Japón durante sesenta y dos años**. Fue el mandato más largo de la historia de Japón.

264. **En este periodo nacieron algunas de las series de anime más queridas de Japón, como** *Astro Boy* (1963) y *Mobile Suit Gundam* (1979).

265. **En 1986, Nintendo lanzó su primera videoconsola doméstica, que se convirtió en un éxito instantáneo entre la gente de todo el mundo.**

Japón en la Segunda Guerra Mundial

En 1936, el poder en Japón estaba en manos de los militares. Generales y almirantes planearon una guerra de expansión por Asia y el Pacífico con el objetivo de formar un «anillo» alrededor de Japón, ampliar el control y la influencia japonesa y «proteger al país» de las influencias occidentales. Conozca veinte hechos interesantes sobre las acciones de Japón durante la Segunda Guerra Mundial.

266. **La invasión japonesa a China en 1936 marcó el inicio de la expansión militarista en Asia.**

267. **La guerra de Japón con China se intensificó con el incidente del puente Marco Polo, en 1937**, que desembocó en un conflicto a gran escala.

268. **En 1940, Japón se alió con la Alemania nazi y la Italia fascista, formando las Potencias del Eje.**

269. **Estados Unidos impuso un embargo a Japón, que incluía petróleo y acero**, en respuesta a sus acciones expansionistas en Asia. Enfrentado dificultades económicas debido al embargo, Japón comenzó a planear acciones militares en el Pacífico.

270. **El 7 de diciembre de 1941, Japón atacó por sorpresa la base naval estadounidense de Pearl Harbor**, lo que provocó la entrada de Estados Unidos en la Segunda Guerra Mundial.

271. **Aunque el ataque a Pearl Harbor fue una sorpresa, muchos políticos y militares importantes** de ambas naciones esperaban una guerra entre los dos países desde los años veinte.

272. **Durante la guerra, Japón se expandió rápidamente por Asia y el Pacífico, capturando territorios como Hong Kong, Singapur, Filipinas y las Indias Orientales Holandesas.**

273. **La batalla de Midway, en junio de 1942, fue un punto de inflexión en la guerra,** ya que detuvo el avance de Japón y debilitó sus fuerzas navales.

274. **Las fuerzas japonesas cometieron numerosos crímenes de guerra en China, como la masacre de Nankín y el uso de armas químicas.**

275. **Los aliados adoptaron una estrategia de «isla por isla»,** evitando las islas japonesas fuertemente fortificadas y capturando las de importancia estratégica.

276. En 1944, **Estados Unidos capturó las Islas Marianas**, ganando bases aéreas que permitieron a los soldados aliados lanzar bombardeos de largo alcance sobre Japón.

277. **Los pilotos kamikaze japoneses utilizaron ataques suicidas con aviones para infligir daños a los barcos aliados.**

278. **La batalla de Iwo Jima y la batalla de Okinawa fueron feroces conflictos que mostraron los desafíos de la invasión a las islas principales de Japón**. Ambas batallas pusieron de manifiesto la disposición de los japoneses a morir antes que rendirse. Aquellos que no murieron en acción, a menudo se suicidaban en cuevas fortificadas construidas en las islas.

279. **El 6 de agosto de 1945, Estados Unidos lanzó una bomba atómica sobre Hiroshima, provocando una devastación y una pérdida de vidas sin precedentes**. Tres días después, una segunda bomba atómica fue lanzada sobre Nagasaki, acelerando aún más la rendición de Japón.

280. El 15 de agosto de 1945, **el emperador Hirohito anunció la rendición de Japón, poniendo fin a la Segunda Guerra Mundial.**

281. **Hirohito hizo el anuncio por radio y fue la primera vez que su voz fue escuchada por la mayoría del pueblo japonés**. Tradicionalmente, la voz del emperador solo era escuchada por su familia, sus consejeros y en las reuniones gubernamentales.

282. **La ceremonia formal de rendición tuvo lugar a bordo del USS Missouri en la bahía de Tokio.** Las naciones aliadas celebraron el *V-J Day* (día de la victoria sobre Japón).

283. **Se celebró el Tribunal Militar Internacional para Extremo Oriente** (conocido como los juicios de Tokio) para procesar a los criminales de guerra japoneses.

284. **Aunque varios japoneses importantes, como el ex primer ministro Tojo y el general Yamashita**, fueron declarados culpables y ejecutados, muchos otros nunca fueron llevados ante la justicia.

285. **El Tratado de San Francisco de 1951 puso fin oficialmente a la guerra y permitió a Japón recuperar su soberanía**, marcando el inicio de su reconstrucción de posguerra.

Japón tras la Segunda Guerra Mundial
(1945-actualidad)

Desde 1945, **Japón ha disfrutado de un rápido crecimiento económico, avances tecnológicos y una mejora del nivel de vida**. Estos veinte hechos muestran cómo este desarrollo ha moldeado Japón hasta convertirlo en una de las economías globales más fuertes de la actualidad.

286. **Estados Unidos ocupó Japón entre 1945 y 1952,** periodo durante el cual se redactó una nueva constitución que incluía derechos civiles, como la libertad de expresión y la libertad de reunión.

287. **Durante este periodo, se permitió votar a las mujeres por primera vez en la historia de Japón.**

288. **El sintoísmo se separó de la política para promover la libertad religiosa entre los ciudadanos.** Durante las décadas de 1930 y 1940, el sintoísmo fue patrocinado y apoyado por el Estado, y la gente fue sutilmente obligada a asistir a los servicios sintoístas y donar dinero.

289. **Tras el fin de la ocupación estadounidense en 1952, Japón experimentó un rápido crecimiento económico.** Este periodo se conoce como el milagro económico japonés. Esto se debió en gran medida a los esfuerzos de industrialización liderados por **el primer ministro Ikeda Hayato** entre 1958 y 1964, que dieron lugar a una mejora del nivel de vida en todas las clases sociales.

290. En 1970, **el novelista Yukio Mishima, venerado por su obra a pesar de ser una figura controvertida, consideró que Japón había abandonado su espíritu tradicional.** Angustiado por la occidentalización y anhelando un retorno a los valores de antes de la guerra, se quitó la vida en un dramático acto de protesta.

291. En 1972, **Japón recuperó el control de las islas Ryukyu, que incluían Okinawa, y se convirtió en miembro de las Naciones Unidas.**

292. **Japón acogió la Expo '85 para celebrar el aniversario de la primera Feria Mundial, celebrada en 1851.** A este acontecimiento se le atribuye una importante contribución al desarrollo de la moderna industria turística del país.

293. **Entre 1986 y 1991, Japón experimentó una burbuja en la que los precios de las acciones se dispararon por encima de sus valores reales.** Esta burbuja económica finalmente explotó, provocando una recesión durante la década de 1990.

294. **A finales de la década de 1990, la tecnología digital había mejorado todas las industrias**, lo que dio lugar a un aumento de las exportaciones mundiales de las empresas japonesas, incluyendo automóviles, videojuegos, bienes electrónicos y más.

295. **El Mundial de Fútbol de 2002 fue organizado conjuntamente por Corea del Sur y Japón.** Ambos países construyeron estadios e invirtieron importantes recursos en el evento, demostrando la fortaleza de sus economías.

296. **En 2008, Japón se convirtió en el primer país en enviar una misión no tripulada a la Luna desde 1976.**

297. **El terremoto y el tsunami de Tohoku** en 2011 **causaron una destrucción generalizada en el norte de la isla de Honshu,** provocando más de quince mil muertos y numerosas fusiones de reactores nucleares en la central nuclear de Fukushima Daiichi.

298. **En 1972, la ciudad septentrional de Sapporo acogió los Juegos Olímpicos de Invierno. Tokio fue seleccionada como sede de los Juegos Olímpicos de Verano de 2020**; era la segunda vez que la ciudad acogía **los Juegos de Verano** (la primera fueron las Olimpiadas de 1964).

299. **El 16 de junio de 2013, Abe Shinzo** (conocido en Occidente como Shinzo Abe) asumió el cargo e implementó políticas económicas conocidas como «*Abenomics*», que buscaban estimular una economía estancada a través del aumento del gasto público y la flexibilización cuantitativa, que implica bajas tasas de interés y un aumento de la oferta monetaria.

300. En 2019, **el emperador Naruhito subió al trono, iniciando la era Reiwa.** Su padre, Akihito, abdicó debido a su avanzada edad, marcando un cambio histórico en la monarquía japonesa.

301. En junio de 2020, **el gobierno japonés aprobó la estrategia de tecnología digital**, que buscaba promover la digitalización de la economía y crear nuevos puestos de trabajo dentro de la industria tecnológica a través de incentivos fiscales e inversiones en nuevas infraestructuras.

302. **En comparación con Estados Unidos, Japón presume de unos índices de criminalidad notablemente bajos**. No se sabe a ciencia cierta a qué se debe, pero probablemente tenga que ver con una fuerte cohesión social, una eficiente aplicación de la ley, un estricto control de armas y un énfasis cultural en el respeto y la conformidad.

303. **La floreciente cultura juvenil japonesa, expresada a través de vibrantes tendencias de moda y subculturas únicas**, se considera a menudo una rebelión contra la tradición.

304. **Japón consume aproximadamente el 80 % del atún rojo del mundo**. El precio del mejor atún rojo puede variar mucho en función de factores como el tamaño, la calidad y el lugar de la subasta. En enero de 2023, la puja ganadora por un atún rojo de 212 kilos alcanzó unos 275.000 dólares, lo que se traduce en unos 1.300 dólares por kilo o 2.866 dólares por libra.

305. **Aunque en gran medida ausentes de la vida cotidiana, los kimonos siguen adornando a las mujeres japonesas en ocasiones especiales. Novias, graduadas y dolientes se los ponen para actos formales**, mientras que las ceremonias del té, las actuaciones y los festivales ofrecen destellos de tradición.

La Constitución japonesa de 1947

La Constitución japonesa de 1947 es un documento que ha tenido un inmenso impacto en la nación desde su promulgación. Este capítulo explora la impresionante historia y el duradero legado de este importante documento.

306. **La Constitución japonesa se redactó en 1947 para sustituir a la anterior Constitución Meiji de 1889.**

307. **Su armazón fue redactado en gran medida por un oficial estadounidense llamado Courtney Whitney y su equipo**, que trabajaban a las órdenes del general Douglas MacArthur.

308. **La Constitución japonesa es considerada una de las más pacifistas debido a su artículo 9**, que renuncia a la guerra y prohíbe a Japón tener una fuerza militar permanente o participar en cualquier guerra que no sea con fines de autodefensa.

309. **El artículo 9 sigue intacto hasta hoy en día. Se ha enfrentado a críticas a lo largo de los años, especialmente durante la guerra contra el terrorismo,** cuando Japón fue criticado por su falta de implicación militar.

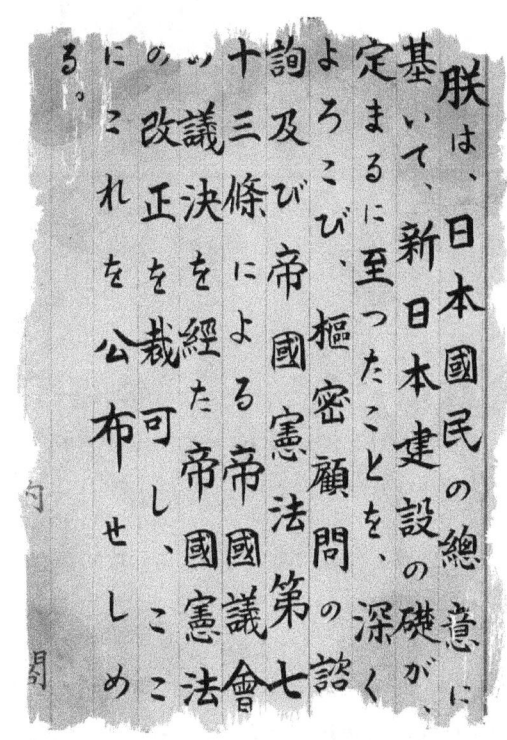

310. **El primer ministro Abe Shinzo intentó modificar la redacción del artículo 9 en 2015,** pero fracasó debido a la fuerte oposición de algunos partidos políticos.

311. **El artículo sigue siendo motivo de orgullo para muchos japoneses**, que lo consideran un símbolo de su compromiso con la paz y los derechos humanos.

312. **Muchos señalan la protección militar estadounidense para explicar que no se necesita un gran gasto militar,** aunque los japoneses comenzaron recientemente un refuerzo militar para contrarrestar el peligro de China.

313. **La Constitución japonesa garantiza los derechos humanos fundamentales de todos los ciudadanos,** como la libertad de expresión, religión y reunión, así como la igualdad ante la ley, independientemente de la raza o el sexo.

314. **La Constitución introdujo una forma parlamentaria de gobierno, con una cámara baja elegida** (la dieta) que tiene un poder significativo sobre las leyes y los presupuestos, al tiempo que otorga más autonomía a los gobiernos locales con esfuerzos de descentralización.

315. **Otras características notables de la Constitución japonesa son la separación entre religión y Estado**, la prohibición de la discriminación por nacimiento o posición social y el derecho de las personas a trabajar sin explotación ni intimidación por parte de los empresarios.

316. **La Constitución japonesa nunca ha sido modificada desde su promulgación, a pesar de los numerosos intentos realizados a lo largo de los años**. Se requiere una mayoría de dos tercios para cualquier enmienda.

317. **Ha habido varios intentos de enmendar la Constitución japonesa a lo largo de los años,** pero todos han fracasado debido a la insuficiente aprobación de ambas cámaras de la dieta y a las luchas políticas internas entre los diferentes partidos.

318. **La Constitución japonesa ha sido utilizada como modelo para muchos países** que pretenden construir sus propias constituciones, entre ellos Corea del Sur.

319. **Los estudiosos sugieren que la Constitución japonesa de posguerra**, que concedió más libertades al pueblo en relación al periodo anterior a la Segunda Guerra Mundial, promovió el crecimiento económico y la estabilidad.

320. **La Constitución japonesa es una de las constituciones de posguerra más duraderas.**

El milagro económico japonés de la década de 1950 en adelante

La década de 1950 marcó un periodo de grandes cambios en Japón, ya que el país pasó de tener una economía basada en la agricultura a convertirse en una de las naciones industrializadas más poderosas del mundo. **En este capítulo, se exploran veinte datos interesantes sobre el milagro económico de Japón.**

321. **Después de la Segunda Guerra Mundial,** Japón estaba en ruinas y enfrentaba dificultades económicas extremas.

322. **El gobierno japonés, con ayuda de Estados Unidos,** se esforzó por reconstruir la economía a partir de 1950 con una estrategia de crecimiento orientada a la exportación. **Este fue el comienzo de lo que hoy se conoce en la historia japonesa** como el milagro económico.

323. **Este periodo marcó la transición de Japón, que pasó de depender principalmente de la agricultura** a convertirse en una de las naciones industrializadas más poderosas del mundo en 1970.

324. En 1953, **Japón firmó un acuerdo comercial con Estados Unidos** que incrementó significativamente las exportaciones y generó más oportunidades de inversión, dentro del país y en el extranjero.

325. **En 1960, la producción de acero se había cuadruplicado en relación con 1950, cuando apenas alcanzaba los cinco millones de toneladas anuales.**

326. **En 1966, Japón se convirtió en uno de los 31 miembros originales del Banco Asiático de Desarrollo (BAD),** contribuyendo a proporcionar fondos para proyectos industriales a gran escala e impulsando aún más su milagro económico.

327. **A principios de la década de 1960, Japón comenzó a levantar algunas de las restricciones de posguerra a la inversión extranjera.** También creó una política interna que dirigió y fomentó la expansión económica durante la década siguiente.

328. **En 1965, las empresas japonesas tenían una presencia importante en los mercados mundiales,** con alrededor de una cuarta parte de todas las exportaciones procedentes de Japón.

329. **La década de 1970 marcó un impulso aún mayor para el desarrollo tecnológico mediante la introducción de nuevos productos,** como televisores a color, cámaras digitales y videograbadoras para los consumidores internacionales.

330. **El auge de la industria japonesa de la energía nuclear comenzó en la década de 1950, impulsada por las necesidades económicas y el temor a la posguerra.** Los avances pacíficos en el marco del Tratado de No Proliferación aceleraron la investigación y la construcción de centrales, convirtiendo a Japón en líder mundial en la década de 1970. Sin embargo, **el desastre de Fukushima de 2011 cambió drásticamente el panorama,** dejando muchos reactores fuera de servicio y el futuro de la industria en duda.

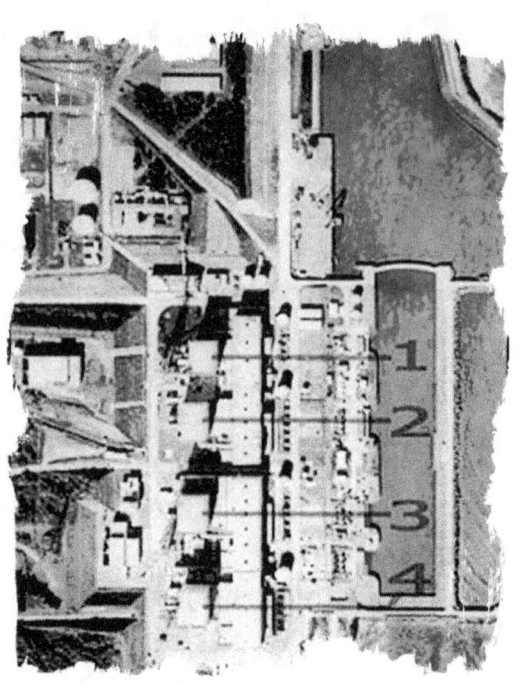

331. **La absorción** en 1975 **de las bolsas de Osaka y Nagoya por la bolsa de Tokio cimentó el estatus de Japón como potencia financiera mundial** y no solo regional.

332. **Durante este periodo se iniciaron proyectos de fabricación a gran escala, como el complejo petroquímico de la ciudad de Kawasaki y la planta de Nissan en Zama,** donde la producción de automóviles aumentó drásticamente.

333. En 1980, **los fabricantes japoneses de automóviles fabricaban autos tanto en Japón como en Estados Unidos.**

334. **En la década de 1980 aparecieron nuevas tecnologías, como los computadores personales,** que se popularizaron rápidamente entre los japoneses.

335. **En 1985, se firmó el Acuerdo Plaza con otros líderes mundiales que permitió que la moneda japonesa,** el yen, fuera apreciada como el dólar estadounidense y las monedas europeas, impulsando las exportaciones.

336. **En 1990, Japón se había convertido en una de las economías más poderosas del mundo,** contribuyendo con más del 10 % al PIB (producto interno bruto) mundial.

337. **En 1992, la mejora de los trenes bala impulsó aún más la productividad al permitir a la gente viajar más rápido entre ciudades como Tokio y Osaka** durante las horas pico, a velocidades de hasta trescientos kilómetros por hora.

338. **La década del 2000 fue testigo de la aparición de tecnologías digitales como los teléfonos inteligentes, las tabletas y los computadores portátiles**, lo que permitió a los ciudadanos japoneses acceder a modernos dispositivos de comunicación.

339. **En la actualidad, Japón es una gran potencia económica de Asia y el mundo**, con una de las tasas de PIB per cápita más altas del mundo.

340. **Desde 1975, la comida y la cultura japonesas han explotado en todo el mundo. El anime, el manga y los videojuegos despertaron el interés por el estilo de vida japonés.** El sushi, el ramen y otros sabores únicos cautivan las papilas gustativas, mientras que las tendencias de la cultura pop alimentan la fascinación por la moda, la música y el diseño japoneses.

Crisis del petróleo en Japón
(1973)

La crisis del petróleo japonesa supuso para el país una subida vertiginosa de los precios del crudo. Explore esta crisis a través de veinte datos interesantes sobre **los cambios económicos, políticos y sociales de Japón.**

341. **En 1973, la crisis del petróleo japonesa comenzó cuando los miembros árabes de la Organización de Países Exportadores de Petróleo** (OPEP) decidieron limitar severamente las exportaciones de petróleo a Japón en protesta por su apoyo a Israel durante una guerra en Oriente Medio.

342. **El embargo de petróleo por parte de la OPEP hizo que los precios se dispararan y los suministros se agotaron rápidamente en todo Japón.** Japón casi no produce petróleo por sí mismo y debe importarlo.

343. **Para hacer frente a esta crisis, Japón empezó a racionar la gasolina y otros combustibles, limitando los horarios comerciales para que se consumiera menos energía.** Además, se fomentó el uso compartido del auto y se pidió a la gente que no condujera salvo para viajes imprescindibles, como ir al trabajo o a la escuela.

344. **El primer ministro Tanaka Kakuei Tanaka pidió a los ciudadanos que ahorraran energía en 1974**, lo que provocó muchos cambios, como el cierre temprano de las estaciones de tren y el apagado del alumbrado público después de medianoche.

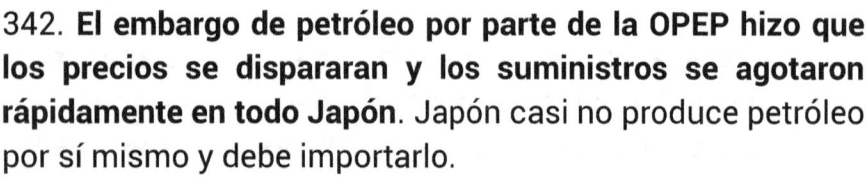

345. **Durante este periodo, se produjo un aumento de las bicicletas analógicas y eléctricas en todo Japón.**

346. **En 1974, el gobierno japonés aprobó una ley que permitía a las empresas fabricar automóviles con motores más pequeños, que pasaron a conocerse como autos «*kei*».** Estos coches consumen menos combustible que los modelos normales. **El primer Honda exportado a EE. UU., el N600**, lograba entre treinta y seis y cuarenta millas por galón, algo asombroso para la época.

347. **La crisis provocó un aumento en el desarrollo de fuentes alternativas de energía**, incluidas las centrales solares, geotérmicas y nucleares.

348. **Dado que Japón se había vuelto tan dependiente del petróleo de los países de la OPEP,** se vio obligado a buscar diferentes proveedores, como Australia, México y Canadá, que podían proporcionar a los japoneses crudo a precios más bajos.

349. **Durante esta crisis, se puso un mayor énfasis en la investigación de fuentes de energía renovables,** como la eólica y la undimotriz, junto con otras formas de tecnología energética limpia, como los vehículos de hidrógeno.

350. **Muchas personas adoptaron métodos tradicionales de transporte durante esta época,** como los barcos de tracción humana para la pesca o el transporte de mercancías a través de rutas fluviales, en lugar de utilizar barcos motorizados propulsados por combustibles fósiles.

351. **Japón respondió a la crisis del petróleo con esfuerzos inmediatos de conservación, diversificación de las fuentes de energía y almacenamiento.** Las estrategias a largo plazo incluyeron la reestructuración industrial, los avances tecnológicos y los esfuerzos diplomáticos, que en última instancia condujeron a una economía más resistente y eficiente desde el punto de vista energético.

352. **Durante esta época, se puso un mayor énfasis en el reciclaje de materiales** y se animó a los ciudadanos a crear compostajes para sus jardines y hogares.

353. **La crisis energética puso de manifiesto la continua dependencia de Japón de Estados Unidos.** Aunque Estados Unidos también se vio afectado por las acciones de la OPEP, las fuerzas navales estadounidenses garantizaron la apertura de las rutas marítimas en Medio Oriente, lo que permitió que el petróleo fluyera hacia Japón y otros lugares.

354. **Durante la crisis del petróleo japonesa se produjeron grandes avances en materia de transporte público, como la creación de redes ferroviarias eficientes** que pueden transportar pasajeros con rapidez y eficacia a pesar de disponer de recursos limitados debido a la escasez de combustible.

355. **Tras el fin del embargo de petróleo, en 1974**, los precios se estabilizaron lentamente, pero no alcanzaron los niveles anteriores a la crisis hasta 1978.

356. **Además de las cuestiones culturales y geográficas, los japoneses empezaron a fabricar aún más autos para exportar a Estados Unidos.** Estos autos superaron con creces a los modelos estadounidenses en su eficiencia de millas por galón durante décadas.

357. **Tras esta crisis, se animó a los ciudadanos japoneses a utilizar una iluminación más eficiente,** las bombillas LED en lugar de las incandescentes tradicionales, y a comprar autos más eficientes en combustible en lugar de los que consumían mucho.

358. **El gobierno japonés aumentó su apuesta por la energía nuclear tras la crisis del petróleo de la OPEP de los años setenta.** La crisis puso de manifiesto la fuerte dependencia energética de Japón respecto del petróleo importado, lo que generó preocupación por la seguridad energética.

359. **Tras la crisis del petróleo, Japón se embarcó en un programa para ampliar su capacidad de energía nuclear.** Esto llevó a la construcción de varias centrales nucleares en los años posteriores a **la crisis de la OPEP**.

360. **Debido a su experiencia con esta crisis del petróleo, muchas empresas japonesas siguen invirtiendo y desarrollando nuevas fuentes de energía**, como pilas de combustible, paneles solares, turbinas eólicas y otras tecnologías ecológicas.

La burbuja económica de los años ochenta

Este capítulo explora los acontecimientos de la burbuja económica japonesa, desde su comienzo hasta su final y su impacto en la actualidad. Descubra veinte datos interesantes sobre la vida durante esos cinco años.

361. **En la década de 1980, Japón experimentó un periodo de crecimiento económico que ahora se conoce como la burbuja económica.** Este periodo fue impulsado por bancos y empresas que concedieron grandes préstamos, lo que elevó los precios de las acciones e hizo que el valor de las propiedades subiera rápidamente.

362. **Durante esta época, los ciudadanos japoneses tenían más dinero que nunca para gastar en cosas como electrónica o artículos de lujo.** Eran algunas de las personas más ricas del mundo.

363. **En 1989, la economía japonesa representaba más del 17 % de todo el PIB mundial.**

364. **Como había tantas inversiones en diferentes industrias, las empresas japonesas** expandieron sus productos por todo el mundo. Automóviles como **Honda y Toyota** se hicieron populares en todas partes.

365. **Durante la burbuja económica, el valor de las propiedades en Tokio era significativamente superior al de las de Nueva York.** Tokio experimentó una burbuja inmobiliaria caracterizada por la subida vertiginosa de los precios de los inmuebles y la especulación excesiva.

366. **En su punto álgido, el valor de algunos inmuebles de primera categoría de Tokio,** como los terrenos del Palacio Imperial, superaba el valor de todos los inmuebles de California.

367. **Los ciudadanos japoneses empezaron a invertir cada vez más en activos como acciones, bienes inmuebles y arte, lo que hizo que los precios de estos artículos se dispararan.** Estas inversiones no se basaban en la salud o la solidez de las empresas. La gente quería «hacerse rica rápidamente».

368. **El gobierno invirtió mucho dinero en proyectos de obras públicas durante esta época**, lo que impulsó aún más la economía.

369. **Para seguir el ritmo del rápido crecimiento, las empresas tuvieron que endeudarse más,** lo que las hizo vulnerables al decrecimiento o al colapso de la burbuja económica, que terminó sucediendo.

370. **En 1990, el crecimiento económico de Japón se estaba ralentizando significativamente**. Los precios de las acciones empezaron a caer y el valor de las propiedades disminuyó rápidamente.

371. **Millones de personas perdieron los ahorros de toda su vida**. Muchos de ellos perdieron grandes fortunas.

372. **Muchas empresas fueron incapaces de devolver sus préstamos,** lo que llevó a los bancos y otras instituciones financieras a afrontar graves pérdidas y a enfrentarse a la quiebra.

373. **Con tanta incertidumbre económica, la gente empezó a ahorrar en lugar de gastar**, lo que provocó que los niveles de consumo descendieran drásticamente.

374. **Cuando la economía empezó a recuperarse, los bancos y las empresas** tuvieron que cambiar sus políticas para garantizar inversiones fueran más seguras.

375. **El gobierno japonés implementó regulaciones más estrictas sobre los préstamos** y dificultó la expansión rápida de las empresas, evitando que se produjera otra «burbuja económica».

376. A pesar de todo, en 1996 **la economía japonesa estaba empezando a crecer lentamente,** aunque llevó tiempo y no benefició a muchas personas hasta mucho más tarde.

377. **Uno de los signos del colapso de la economía fue el aumento de personas sin hogar**, especialmente ancianos, algunos de los cuales perdieron sus pensiones de repente.

378. **Utilizaban las estaciones de metro de Tokio para dormir durante la noche** y en las primeras horas de la mañana, cuando había poca gente.

379. **Aunque todavía se debate si podría producirse o no otra «burbuja económica» en Japón,** los expertos coinciden en que cualquier crecimiento económico futuro debe ser sostenible y evitar inversiones arriesgadas como las que se vieron durante este periodo.

380. **Para conmemorar el trigésimo aniversario del final de la era de burbuja económica** (en 2021), muchos museos de todo Japón organizaron exposiciones y eventos para educar a la gente sobre lo ocurrido.

La década perdida de Japón
(los noventa)

Este capítulo explora la crisis económica que asoló Japón en la década de 1990, también conocida como la década perdida. Descubra veinte datos interesantes sobre este periodo, incluidas las principales causas de esta recesión.

381. **Durante la década perdida de Japón, la economía general del país se estancó.** Comenzó en 1991 y duró aproximadamente hasta 2001.

382. **En 1989, las acciones japonesas alcanzaron su máximo histórico con 38.915 puntos en** el índice **Nikkei Stock** Average (el principal mercado de valores de Japón).

383. En 1992, **el Nikkei había caído hasta los 14.309 puntos**, casi dos tercios menos que su máximo tres años antes.

384. **El desplome de los precios inmobiliarios, provocado sobre todo por la imposibilidad de devolver los préstamos debido a los precios inflados**, fue una de las causas clave de esta recesión económica en Japón.

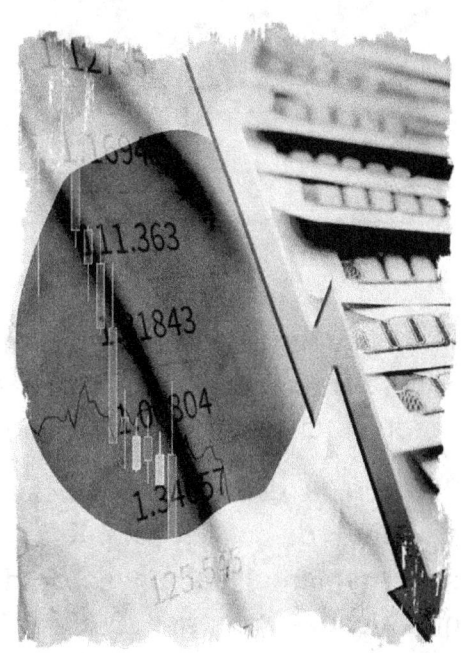

385. **Los bancos también se vieron afectados por los préstamos dudosos que habían concedido durante la burbuja inmobiliaria japonesa**, que estalló en 1991, lo que provocó un aumento de los índices de morosidad (préstamos que no se devolvían).

386. **Esta recesión provocó desempleo masivo**, con millones de personas que perdieron su trabajo solo entre 1993 y 1995.

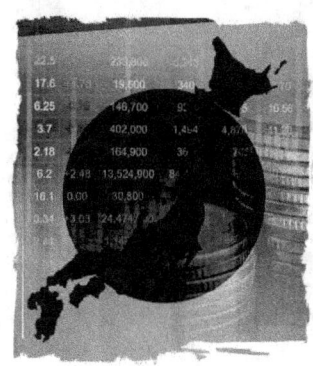

387. **Una de las decisiones difíciles que tuvieron que tomar las grandes empresas en ese momento fue la de cambiar el empleo vitalicio que los trabajadores tenían prácticamente garantizado.** Desgraciadamente, la mayoría de las personas «despedidas» eran trabajadores de más edad que tenían más dificultades para encontrar otro empleo.

388. **A pesar de estos esfuerzos, el desarrollo del PIB en Japón siguió siendo negativo** entre 1992 y 1997 y solo volvió a ser positivo en 1998.

389. **Los prósperos años ochenta de Japón dieron paso a la dura realidad de la década perdida**. El declive económico sumió a mucha gente en la pobreza, la pérdida de empleos y el estancamiento salarial empeoraron el nivel de vida.

390. **Durante este periodo, muchas empresas japonesas tuvieron que reestructurarse o quebraron** debido a la disminución de la demanda de sus bienes y servicios, lo que provocó despidos masivos.

391. **Para mejorar la economía, el banco central de Japón redujo las tasas de interés para animar a la gente a pedir préstamos e invertir** en grandes y pequeñas empresas. Esto estimuló nuevas inversiones y más gasto de los consumidores, llevando finalmente a Japón de nuevo a la senda de la prosperidad.

392. **Algunas de las reformas aplicadas durante este periodo incluyeron la liberalización de los mercados y la reducción de impuestos** para crear un entorno propicio a la inversión extranjera.

393. **En la década perdida se produjo un gran aumento de la deuda pública debido al gasto gubernamental en proyectos de infraestructura**, que alcanzó más del 200 % del PIB en 2011 (en comparación con alrededor del 60 % antes de 1990).

394. **A pesar de todos estos problemas, hay quien sostiene que Japón se benefició de su década perdida**, ya que la situación obligó al país a replantearse su forma de hacer negocios e idear nuevos métodos de trabajo para competir a nivel mundial.

395. **Muchas empresas japonesas se hicieron más fuertes que antes tras este difícil periodo**. La necesidad de sortear las dificultades económicas condujo a mayor eficiencia, estrategias empresariales innovadoras y una mayor atención a la competitividad global. **Estos cambios ayudaron a algunas empresas a ser más ágiles**, innovadoras y competitivas a nivel internacional.

396. **Algunos ejemplos destacados de empresas que lograron sortear con éxito los retos de este periodo son Sony y Honda**, que todavía hoy ocupan posiciones sólidas en todo el mundo.

397. **En la década de 1990, se puso un mayor énfasis en la educación** y un mayor número de estudiantes buscaba oportunidades de educación superior en el extranjero después de graduarse en la escuela secundaria.

398. **Como resultado de la década perdida, muchas grandes empresas**, que anteriormente garantizaban el empleo de por vida con pensiones, comenzaron a poner fin a estas políticas. Esta medida afectó sobre todo a los trabajadores de más edad, que constituían una gran parte de las personas sin hogar.

399. **Los ancianos que podían mudarse con sus hijos lo hacían**, marcando un gran cambio en la cultura japonesa.

400. Un acontecimiento importante que ocurrió en Japón en la década de 1990 fue un atentado terrorista. El 20 de marzo de 1995, la **secta Aum Shinrikyo lanzó un ataque terrorista con gas en el metro de Tokio**, matando a veintisiete personas e hiriendo a miles. Los atentados conmocionaron a la nación y al mundo.

Expansión económica
(2000-actualidad)

Este capítulo explora la historia de la expansión económica de Japón desde el año 2000 hasta la actualidad. Conozca veinte datos interesantes sobre la política «Abenomics» del primer ministro Shinzo Abe y su impacto en las inversiones en empresas.

401. En el año 2000, **la economía japonesa empezaba a recuperarse** de una recesión que duraba ya una década, pero su tasa de crecimiento del PIB se situaba en torno al 1,7 %.

402. En 2006, **la economía japonesa había crecido más de un 4 %** y las exportaciones alcanzaron un máximo histórico de 637.000 millones de dólares.

403. En 2009, **Japón experimentó un fuerte descenso de la actividad económica** debido a la crisis financiera mundial, sufriendo sus dos peores trimestres desde la Segunda Guerra Mundial. Sin embargo, se recuperó rápidamente en 2010 con un fuerte crecimiento de las exportaciones y un aumento del gasto de los consumidores impulsado por las medidas de estímulo del gobierno.

404. **A partir de 2011, el primer ministro Shinzo Abe puso en marcha su política «Abenomics»,** que buscaba impulsar el crecimiento económico sostenible a largo plazo a través de radicales programas de flexibilización monetaria y reforma fiscal.

405. Como resultado de esta política, en 2010, **el PIB de Japón aumentó casi un 10 % con respecto al año anterior.**

406. **En 2020, Tokio acogió los Juegos Olímpicos de Verano**, lo que supuso un gran impulso para el turismo y las inversiones en empresas locales.

407. En 2015, **la economía de Japón experimentó un breve período de deflación, ya que los precios cayeron debido a la disminución del precio del petróleo y las materias primas**. Sin embargo, esto se invirtió rápidamente en 2016, cuando la inflación volvió a ser positiva por primera vez desde 2013.

408. En 2018, **el gobierno del primer ministro Shinzo Abe subió el impuesto nacional sobre las ventas del 8 % al 10 %.** Esto perjudicó el consumo, pero redujo la deuda pública.

409. **En Japón, la participación laboral femenina ha aumentado en los últimos veinte años.** Las mujeres representan ahora alrededor del 50 % de todos los trabajadores. Un porcentaje mucho menor ocupa puestos directivos.

410. **En 2021, las exportaciones en Japón crecieron más de un 6 % y alcanzaron los 911.000 millones de dólares desde 1991.**

411. **Japón se ha convertido en líder en el desarrollo de tecnologías innovadoras como la robótica, la inteligencia artificial (IA) y los vehículos autónomos.** Su gobierno está invirtiendo fuertemente en investigación y desarrollo para garantizar que el país se mantenga a la vanguardia cuando se trata de innovación.

412. **Uno de los problemas a los que se enfrenta Japón es el envejecimiento de su población activa.** La tasa de natalidad japonesa lleva décadas descendiendo y la población activa es cada vez más vieja, lo que ha llevado a algunos a pedir que se suavicen las restricciones a la inmigración. Los más conservadores creen que esto debilitará la cultura única de Japón.

413. **Japón ha conseguido mantener la inflación bajo control, incluso tras la pandemia de Covid, a diferencia de otras naciones como EE. UU.**, que han experimentado aumentos en la tasa de inflación.

414. **El yen japonés es una moneda fuerte en Asia con un cambio estable,** lo que permite la estabilidad interna y las inversiones internacionales en Japón.

415. **Japón es la tercera economía más grande del mundo** (a partir de 2023) y ha mantenido constantemente un alto nivel de crecimiento económico desde el año 2000. **Esto ha permitido a Japón convertirse en un actor global cada vez más importante en términos de comercio, finanzas y diplomacia** (esta cifra no incluye a la UE, pero cuenta los países europeos por separado).

416. **Las empresas japonesas han crecido en todo el mundo**, operan en más de cien países y crean puestos de trabajo en el extranjero, al tiempo que aumentan el nivel de vida y los ingresos de los japoneses.

417. **La tecnología y la experiencia en ingeniería de Japón lo convierten en un lugar atractivo para invertir en proyectos de infraestructura como puentes, carreteras y puertos**, que contribuyen al crecimiento económico en el país y en el resto del mundo.

418. **Una preocupación para la economía japonesa es el aumento del presupuesto para el ejército japonés**, que ha aumentado en los últimos años a medida que aumentan las tensiones con China por las islas y territorios oceánicos en disputa.

419. Desde 2020, **Japón estableció varios tratados de libre comercio (TLC) con socios comerciales clave como Estados Unidos, Canadá y China**. Esto ha permitido la importación libre de aranceles de bienes, lo que apoya a las empresas en Japón y en el extranjero.

420. **Shinzo Abe dejó el cargo de primer ministro en 2020, pero siguió siendo un referente en la política japonesa.** Fue asesinado el 8 de julio de 2022 mientras hacía campaña por un aliado político.

Relaciones internacionales
(2000-actualidad)

Las relaciones internacionales de Japón han sido complejas y polifacéticas a lo largo de los años. Este capítulo explora veinte hechos interesantes sobre la relación de esta nación con países como Corea del Norte, Corea del Sur, China, Estados Unidos, India y Rusia.

421. **En el 2000, Japón y Corea del Norte firmaron la Declaración de Pyongyang**, por la que ambos países se comprometían mantener relaciones pacíficas. Sin embargo, desde entonces, **Corea del Norte ha desarrollado armas nucleares** y misiles de tecnología avanzada que pueden amenazar a Japón. Las relaciones entre ambas naciones en 2023 no son muy buenas.

422. En 2002, **el primer ministro japonés Koizumi visitó China para mejorar las relaciones chino-japonesas.** Esto supuso un gran paso en la política exterior de ambos países, pero desde entonces las relaciones entre ambos países han empeorado.

423. En 2004, **se celebró una cumbre entre Corea del Sur y Japón en la que ambas naciones acordaron varios temas**, como intercambios educativos, proyectos de cooperación cultural e iniciativas de colaboración económica.

424. **Japón sigue siendo tratado con recelo por Corea del Sur**, que sufrió mucho durante la ocupación japonesa (1910-1945).

425. **Uno de los principales problemas entre Japón y Corea tiene que ver con la esclavitud sexual de las mujeres coreanas por parte de las tropas japonesas durante la Segunda Guerra Mundial**, que también es un problema con China.

426. **En 2008, el primer ministro japonés, Taro Aso, tomó medidas para mejorar las relaciones con otros países asiáticos.** Incluso entabló conversaciones de paz con Corea del Norte a pesar de que otras naciones, como Estados Unidos y Corea del Sur, no estaban de acuerdo.

427. **El año 2010 marcó la primera visita de un presidente chino, Hu Jintao, a Japón**, un paso significativo en la mejora de los lazos entre ambas naciones.

428. Desde 2021, **Japón ha aumentado el tamaño y la eficacia de su ejército en respuesta a las amenazas regionales.**

429. **El primer ministro Naoto Kan dimitió en 2011 y un nuevo primer ministro, Yoshihiko Noda,** intentó mejorar las relaciones con China mediante conversaciones sobre las disputadas islas Senkaku. En 2024, las islas siguen siendo un punto de discordia entre ambas naciones. **En China se conocen como islas Diaoyu.**

430. **En 2012, el presidente chino, Xi Jinping, visitó Tokio.** Este encuentro tenía como objetivo fortalecer la relación bilateral chino-japonesa mediante la firma de acuerdos relativos al comercio, la cooperación energética y los intercambios culturales.

431. **El año 2014 trajo consigo otro cambio de liderazgo después de que Shinzo Abe ganara las elecciones,** convirtiéndose de nuevo en primer ministro tras un paréntesis de cinco años. Prometió reforzar la seguridad y las relaciones internacionales de Japón.

432. **En 2015, EE. UU. presionó a Japón para que cambiara su política de no enviar militares al extranjero,** ya que el aumento de los compromisos estadounidenses en todo el mundo estaba pasando factura.

433. En 2016, **el primer ministro indio, Narendra Modi, visitó Tokio**. Ambos países llegaron a acuerdos en materia económica, como la inversión de 35.000 millones de dólares en ciencia y tecnología a lo largo de cinco años.

434. **El año 2017 marcó el sexagésimo aniversario de los lazos diplomáticos entre Corea del Sur y Japón.** Se dedicaron muchos esfuerzos a mejorar las relaciones bilaterales, lo que se tradujo en un acuerdo sobre la cuestión de las mujeres de solaz durante la cumbre de ese año (las mujeres de solaz eran las secuestradas en Corea y otras naciones durante la Segunda Guerra Mundial y obligadas a convertirse en objetos sexuales de las tropas japonesas).

435. **El año 2018 estuvo marcado por la visita de Shinzo Abe a China** con el objetivo de promover un mejor entendimiento entre ambas naciones a través de una mayor colaboración comercial y proyectos de desarrollo.

436. Actualmente, **muchos países asiáticos se molestan cuando los primeros ministros japoneses visitan el santuario de Yasukuni en Tokio, un memorial de guerra**. Allí están enterrados muchos criminales de guerra condenados y acusados, por lo que honrarlos con una visita oficial insulta a muchos de los vecinos de Japón.

437. **En 2020, Shinzo Abe tuvo que dejar su cargo de primer ministro por problemas de salud. Abe había intentado establecer mejores relaciones con Corea del Sur y China**. En 2022, Abe fue asesinado por un enfermo mental que culpó al ex primer ministro de la muerte de su madre.

438. **En 2021, Joe Biden fue elegido presidente de Estados Unidos**. Celebró una cumbre con el líder japonés para hablar de acuerdos comerciales, contener a Corea del Norte y reducir las emisiones de carbono.

439. **En agosto de 2023, el presidente estadounidense Biden recibió a los líderes de Japón y Corea del Sur en Camp David para mantener conversaciones durante días,** principalmente sobre las crecientes amenazas de China y Corea del Norte.

440. En 2022 y 2023, **Japón se embarcó en un gran despliegue de defensa para contrarrestar la influencia y el poderío de China en Oriente**. Este fue el mayor aumento de la defensa japonesa desde antes de la Segunda Guerra Mundial.

Cambios culturales
(2000-actualidad)

Descubra los asombrosos cambios culturales en Japón entre el 2000 y el 2023 con este capítulo. Estos veinte datos interesantes aclaran cómo se ha transformado la sociedad japonesa desde la década de 2000.

441. **En el año 2000, Japón comenzó a abrirse a los trabajadores extranjeros** y a importar más productos de otros países.

442. **A lo largo de los años 90 y principios de los 2000, el uso y la infraestructura de internet se extendieron en Japón**, primero en las grandes ciudades y después en el resto del país.

443. En 2004, **se aprobó una nueva ley que permite a las mujeres conservar su apellido tras el matrimonio** en lugar de adoptar el apellido del marido.

444. **La música japonesa se ha visto influenciada por diferentes estilos internacionales**, como el hip-hop, el rock y la EDM (música electrónica de baile).

445. Alrededor de 2006, **se produjo un aumento de las comidas en restaurantes** en lugar de cocinar en casa debido al ajetreado estilo de vida de los jóvenes.

446. **Aunque las tendencias de la moda están muy influenciadas por la cultura occidental,** lo que ha dado lugar a una forma de vestir más informal, Japón tiene una cultura única de alta costura. **La cultura *kawaii* (cultura «mona») es una tendencia japonesa con un poco de influencia occidental.**

447. **En 2009, los teléfonos móviles se habían convertido en una importante herramienta de comunicación,** y los mensajes de texto y las aplicaciones de redes sociales eran muy populares.

448. A partir de 2010, **se ha producido un aumento de las personas que viven solas debido a que los adultos jóvenes tardan más en casarse o en formar una familia que las generaciones anteriores.**

449. **Varios adultos jóvenes siguen viviendo con sus padres, ya que los precios de la vivienda son muy elevados.**

450. En 2012, **Japón comenzó a legalizar las uniones entre personas del mismo sexo en algunas ciudades,** facilitando a las parejas LGBTQ+ el reconocimiento legal de sus relaciones. Sin embargo, a partir de 2023, **el matrimonio entre personas del mismo sexo no está reconocido** y estas parejas no disfrutan de la mayoría de las protecciones legales y financieras que las parejas «tradicionales».

451. Desde 2013, **la cultura japonesa ha experimentado un pequeño aumento en la aceptación de la diversidad, con programas de televisión que presentan elencos racialmente diversos**. Es importante recordar que alrededor del 98 % de la población de Japón, de 126 millones de personas, es de etnia japonesa.

452. **Muchos festivales tradicionales han experimentado cambios,** como la introducción de luces LED junto a decoraciones más tradicionales durante las celebraciones de Año Nuevo.

453. En 2014, **se lanzó Pokémon Go, lo que provocó un mayor interés por los juegos de realidad aumentada,** así como un crecimiento del número de personas que salen a explorar sus ciudades.

454. **Muchos japoneses siguen interesados en la artesanía tradicional, como la caligrafía, el origami y la cerámica**. Tanto las generaciones mayores como las más jóvenes disfrutan de estas artesanías.

455. En 2011, **Japón sufrió el terremoto y el tsunami de Tohoku, que causaron una devastación masiva en la ciudad de Sendai y sus alrededores.** Además, el terremoto causó un tsunami masivo que mató a miles de personas.

456. **El sismo y el maremoto provocaron un fallo en la central nuclear de Fukushima Daichi** y propagaron niveles mortales de radiación por toda la región, que desde entonces se encuentra en gran parte cerrada.

457. **El terremoto y el tsunami costaron miles de millones, cobraron veinte mil vidas** y desencadenaron un debate sobre la energía nuclear en Japón que continúa hoy en día.

458. **En la última década, se ha hecho más hincapié en la concienciación sobre la salud mental**, con la introducción de iniciativas como el **Día de la Salud Mental** en escuelas y lugares de trabajo.

459. **El agotamiento es muy frecuente entre los profesionales urbanos**, que muchas veces trabajan literalmente hasta la muerte prematura o el suicidio por las expectativas sociales.

460. **En Japón sigue existiendo una gran diferencia salarial entre hombres y mujeres**, aunque en los últimos años han aumentado los esfuerzos para cambiar esta situación.

461. **Desde principios de la década de 2000, cada vez más jugadores de béisbol japoneses triunfan en el béisbol estadounidense**. Con el paso de los años están consiguiendo una base de aficionados cada vez mayor.

462. **En junio de 2023 se aprobó una ley que promueve la comprensión de las personas LGBTQ+, pero no prohíbe directamente la discriminación**. Anima a entidades gubernamentales, empresas y escuelas a esforzarse por comprender y evitar la discriminación injusta, pero carece de mecanismos concretos de aplicación.

463. **La última tendencia en Japón se dirige hacia prácticas de vida respetuosas con el medio ambiente. En Japón han aumentado los hábitos sostenibles entre los consumidores**, como la reducción de residuos mediante el reciclaje, la reutilización y el compostaje.

464. **Japón se comprometió a luchar contra el cambio climático adhiriéndose al Acuerdo de París en 2016,** que busca reducir las emisiones de gases de efecto invernadero.

465. Se calcula que en 2024 **la población de Tokio rondará los treinta y siete millones de habitantes,** lo que la convierte en una de las ciudades más pobladas del mundo. También es una de las ciudades más densamente pobladas de la Tierra, con más de seis mil personas por kilómetro cuadrado.

Entretenimiento japonés

Desde finales de la década de 1950, las películas japonesas y los programas de televisión y animación han tenido una enorme repercusión en todo el mundo. Desde Godzilla hasta la asombrosa popularidad del anime, personas de todo el mundo han llegado a conocer mejor la cultura japonesa. He aquí una lista de quince hitos importantes en la historia del entretenimiento japonés desde la década de 1950.

466. *Rashomon* (1950): **Dirigida por Akira Kurosawa,** esta película introdujo el concepto de narración poco fiable en el cine mundial.

467. *Los siete samuráis* (1954): **Otra obra maestra de Akira Kurosawa**, esta épica película de samuráis ha influido en innumerables películas occidentales, como *Los siete magníficos*.

468. *Godzilla* (1954): **La película original del *kaiju* dirigida por Ishiro Honda** introdujo en el mundo al icónico monstruo y dio lugar a una larga franquicia.

469. *Iron Chef* (1993-1999): **Este concurso de cocina** se convirtió en un culto e inspiró adaptaciones y series derivadas en todo el mundo.

470. *Neon Genesis Evangelion* (1995-1996): **Una serie de anime que redefinió el género mecha y exploró temas psicológicos y filosóficos.**

471. *Pokémon* (1997-presente): **El fenómeno global que comenzó como una serie de anime** y se expandió a videojuegos, cartas coleccionables y mucho más.

472. *Battle Royale* (2000): **Una polémica película que inspiró *Los juegos del hambre***, explorando el concepto de niños forzados a participar en juegos mortales.

473. *El viaje de Chihiro* (2001): **Una película de anime de Hayao Miyazaki** aclamada por la crítica que ganó un premio de la Academia, llevando la animación japonesa a la atención internacional.

474. *Terrace House* (2012-2020): **Un programa de telerrealidad que ofrece una visión única de la cultura y la dinámica social japonesas.**

475. ***Attack on Titan*** (2013-2021): Una serie de anime moderno que ganó popularidad internacional por su intensa narración y animación.

476. **Akira Kurosawa** (1910-1998): **Cineasta japonés pionero que dirigió una amplia gama de películas influyentes**. Sus obras exploran a menudo temas relacionados con la naturaleza humana y la moralidad. Las películas de Kurosawa han tenido un profundo impacto en el cine mundial, influyendo en directores como George Lucas y Martin Scorsese.

477. **Toshiro Mifune** (1920-1997): Aclamado actor japonés conocido por sus colaboraciones con el director **Akira Kurosawa**. Sus dinámicas interpretaciones en películas como ***Los siete samuráis y Yojimbo*** **contribuyeron a popularizar el cine de samuráis en todo el mundo.** Mifune fue respetado por otros actores, directores y críticos de todo el mundo y protagonizó la miniserie estadounidense *Shogun*, basada en el *best-seller*, en 1980.

478. En 2003, **Tom Cruise protagonizó *El último samurái*, basada en una historia real que tuvo lugar durante la Restauración Meiji** (aunque el héroe en la vida real era francés, no estadounidense).

479. **En 2024, el canal FX emitió una nueva versión de *Shogun***, contado desde una perspectiva más japonesa que la miniserie anterior. Es una de las miniseries más caras de la historia y tardó casi diez años en realizarse.

480. En 2021, **Godzilla se enfrentó a King Kong en la película *Godzilla contra King Kong*.** Fue tal el éxito que está previsto el estreno de una secuela en 2024.

Famosos japoneses

Al igual que Estados Unidos, Japón tiene una cultura de celebridades. Las pantallas, las redes sociales, los programas de televisión y otros medios informan al público de los logros y las vidas de sus celebridades mediáticas y estrellas del deporte favoritas. Estas son algunas de las estrellas del cine, la televisión y el deporte más conocidas de los últimos años en Japón.

481. **Hidetoshi Nakata es un reputado futbolista que se hizo famoso por su excepcional habilidad en el centro del campo.** Jugó en varios de los mejores clubes europeos y representó a Japón en varios Mundiales.

482. **Ichiro Suzuki causó un gran impacto tanto en el béisbol japonés como en las Grandes Ligas estadounidenses.** Fue conocido por sus excepcionales habilidades de bateo, velocidad y juego de campo, lo que le valió numerosos elogios y récords.

483. **Hikaru Utada es una destacada cantautora que alcanzó gran fama con su música J-pop y R&B.** Sus álbumes se convirtieron en éxitos de ventas y es una de las artistas musicales de más éxito de Japón. Algunos reconocen su trabajo en la serie de videojuegos *Kingdom Hearts*.

484. **Takeshi Kitano, también conocido como «Beat Takeshi», es una figura polifacética.** Es un cómico, actor, cineasta y artista conocido por su particular estilo de humor y sus películas de éxito internacional.

485. **Kazushi Sakuraba alcanzó la fama como artista marcial mixto y luchador profesional.** Se convirtió en una leyenda del **campeonato japonés PRIDE Fighting Championships** y es conocido por su innovador estilo de lucha y sus memorables combates.

486. **Yoko Shimomura es una compositora de renombre en la industria de los videojuegos.** Es famosa por crear bandas sonoras memorables para juegos como la serie *Kingdom Hearts* y *Final Fantasy XV*.

487. **Shigeru Miyamoto es un legendario diseñador de videojuegos y creador de franquicias icónicas como** *Super Mario*, *La leyenda de Zelda y Donkey Kong*. Su trabajo revolucionó la industria del videojuego.

488. **Naomi Kawase obtuvo reconocimiento internacional por su estilo cinematográfico único y personal**. Es conocida por explorar en sus películas temas como la familia, la naturaleza y las conexiones humanas.

489. **Ayumi Hamasaki es un icono del pop, a menudo conocida como la «Emperatriz del J-pop»**. Ha logrado un inmenso éxito con su música. Cuenta con numerosos singles en las listas de éxitos y una base de fanáticos entregados.

490. Kohei Uchimura es un célebre gimnasta artístico que dominó este deporte durante su carrera. Ganó varias medallas de oro en los Juegos Olímpicos y en campeonatos del mundo, demostrando una habilidad excepcional con varios aparatos.

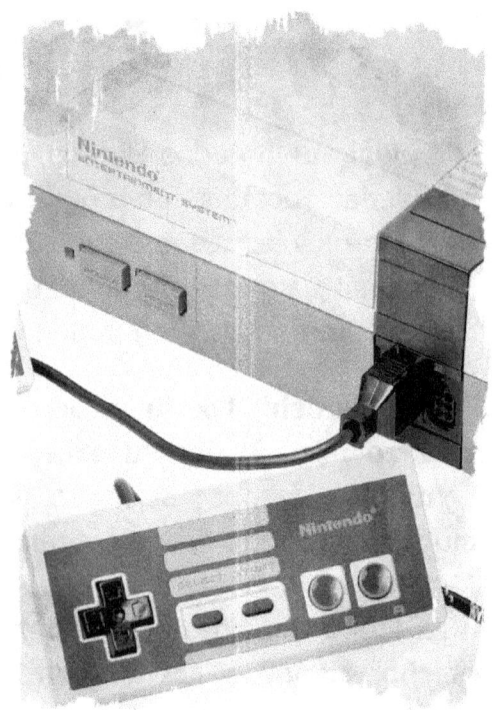

491. **Yuzuru Hanyu es una sensación del patinaje artístico, conocido por su destreza técnica y sus actuaciones artísticas**. Ha ganado múltiples medallas de oro olímpicas y tiene varios récords en patinaje individual masculino.

492. **Kosuke Kitajima es un nadador retirado, conocido por sus logros en las pruebas de brazo**. Ganó múltiples medallas de oro olímpicas y estableció récords mundiales, dejando un impacto duradero en la natación japonesa.

493. **Ai Sugiyama fue una tenista de primer nivel, que obtuvo reconocimiento por sus constantes actuaciones tanto en individuales como en dobles**. Representó a Japón en numerosos torneos de Grand Slam.

494. **Takashi Murakami es un artista contemporáneo conocido por sus obras de arte vibrantes inspiradas en el pop**. Se le atribuye la difuminación de los límites entre el arte y la cultura comercial.

495. **Masahiro Sakurai es un desarrollador de videojuegos y el creador de la serie *Super Smash Bros*.** Sus innovadores juegos de lucha se han hecho populares entre los jugadores de todo el mundo.

496. **Ryuichi Sakamoto es un músico y compositor pionero conocido por su música electrónica y experimental.** También es un compositor de cine y ganador de un Oscar.

497. **Koji Yakusho es un respetado actor, conocido por sus versátiles papeles en el cine japonés.** Ha aparecido en una amplia gama de películas, tanto nacionales como internacionales.

498. **Hiromi Uehara, a menudo conocida simplemente como Hiromi, es una pianista y compositora de jazz con un estilo virtuoso que fusiona diversas influencias musicales.**

499. **Kimiko Date fue una tenista pionera que se convirtió en la primera jugadora japonesa en alcanzar los cinco primeros puestos de la clasificación individual de la Asociación de Tenis Femenino** (WTA, por sus siglas en inglés), inspirando a una nueva generación de tenistas.

500. **Takanohana Koji fue un luchador de sumo que alcanzó el prestigioso título de *yokozuna*.** Fue conocido por sus actuaciones dominantes y su contribución a la popularidad de este deporte.

Conclusión

Este libro exploró la historia de Japón, desde sus orígenes prehistóricos hasta nuestros días. A lo largo del camino, se ve **cómo las diferentes dinastías y épocas** dieron forma a la sociedad japonesa tal y como existe hoy en día.

Desde la introducción del cultivo del arroz húmedo, en **el periodo Yayoi**, hasta **la Restauración Meiji**, que abrió Japón a la democracia de estilo occidental, cada periodo trajo consigo cambios económicos, culturales, políticos e internacionales únicos.

Aprender historia permite conocer y comprender mejor el mundo tal y como existe hoy en día. Le animamos a consultar la bibliografía presentada para aprender aún más sobre **la historia de Japón.**

Mira otro libro de la serie

ANTIGUA CHINA

500 DATOS INTERESANTES SOBRE

LA HISTORIA DE LA ANTIGUA CHINA

Ahoy Publications

Fuentes y referencias adicionales

Primera Parte

«Gobernantes de la dinastía Zhou». History Today, www.historytoday.com/zhoudynastyrulers/316517, consultado el 26 de octubre de 2020.

«Estructura social en la antigua China» World History Encyclopedia, https://www.worldhistory.encyclopedia.com/socialstructure/ancient/china/html, Accessed October 26 2020.

Editores de la Enciclopedia Británica. «China preimperial». Encyclopedia Britannica, Encyclopedia Britannica, Inc., 24 de junio de 2019, www.britannica.com/topic/pre-imperial-China#ref863156.

Smith, Mark J., ed. «Confucio». Ancient History Encyclopedia 05 ago 2012: n pag Web 09 septiembre 2020 https://www.ancienthistoryencyclopedia.

«La escritura». Ancient China for Kids, The Oriental Institute of the University of Chicago, https://oi.uchicago.edu/research/learn-about-ancient-china/life-ancient-china/writing/.

Gannett, Rachel. «Astronomía y matemáticas en la antigua China: Astrolabios y ábacos - Enciclopedia de Historia Antigua». Ancient History Encyclopedia, 28 de julio de 2017, https://www.ancient.eu/article/1082/.

«Gran muralla china: Construcción y edificación de la Gran Muralla - HISTORIA». HISTORY, A&E Television Networks, 13 de diciembre de 2019, https://www.history.com/topics/great-wall-of-china/great-wall-of-china#:~:text=The%20construction%20and%20repair%20of,by%201025).

«La China preimperial temprana». The Metropolitan Museum of Art, https://www.metmuseum.org/toah/hd/epc_3/hd_epc_3.htm (consultado el 10 de abril de 2020).

«La invención del papel». Science Museum, https://www.sciencemuseumgroup.org/articles/the-invention-of-paper/.

Sun Tzu y Thomas Cleary (trad.). El arte de la guerra: traducción y comentario de Thomas Cleary / Sun Tzu; prólogo de John Minford; epílogo y notas sobre las fuentes de Roger Ames / Shambhala Classics., Shambhala Publications [distribuidor], 2016.

«El I Ching o libro de los cambios» The Internet Sacred Text Archive Home Page, https://sacredtextsarchive.org/ .

«La producción agrícola en la antigua China: Los grandes inventos». Enciclopedia de Historia Antigua, 27 mar. 2020, www.ancient.eu/article/1401/.

«Qin Shi Huang: El primer emperador». History, A&E Television Networks, 2020, www.history.com/topics/ancient-history/qin-shi-huang#section_5.

«La dinastía Han». Enciclopedia de Historia Antigua, 19 feb. 2019, www.ancient.eu/Han_Dynasty/.

Kallen, Stuart A. «La dinastía Han». Enciclopedia Británica, https://www.britannica.com/topic/Han-dynasty-Chinese-history. Consultado el 27 de junio de 2020.

Lewis, Mark Edward. Los primeros imperios chinos: Qin y Han. Harvard University Press, 2007.

«La Gran Muralla China | Historia y datos | Britannica» Encyclopedia Britannica, Encyclopedia Britannica Inc., 23 de junio de 2020, www.britannica.com/topic/Great-Wall-of-China .

Qian, Sima. Los registros del Grand Historian. Columbia University Press, 1974.

Cao, Biography.com Editors. «Cao Cao». Biography. A&E Television Networks, 2018.

Biografía de Liu Bei: Liu Bei - Enciclopedia de Historia Antigua https://www.ancienthistoryencyclopediaorg/liu-bei/ (Consultado el 14 de junio de 2020).

«Dinastía Jin (265-420)». Encyclopedia Britannica; consultado el 20 de junio de 2021; https://www.britannica.com/topic/Jin-dynasty-Chinese-history.

«La Era de los señores de la guerra», Ancient China, consultado el 8 de junio de 2021, https://www.ancient.eu/Warring_States_Period/.

«Dieciséis Reinos». Britannica, The Editors of Encyclopedia Britannica, https://www.britannica.com/topic/Sixteen-Kingdoms.

«Período de las dinastías del norte y del sur (420-589 d. C.)». Ancient History Encyclopedia, Enciclopedia de Historia Antigua, 7 de julio de 2017, www.ancient.eu/Northern_and_Southern_Dynasties/.

Turner Jr, William C. «Dinastía Sui (589-618 CE) ». Khan Academy, Khan Academy, khanacademy.org/humanities/world-history/ancient-medieval/sui--tang--song-dynasties-(400ce---1200ce)/v/the--sui-dynasty.

«Gran Canal (China)». Encyclopedia Britannica, Encyclopedia Britannica, Inc., 23 abr 2021, https://www.britannica.com/topic/Grand-Canal-China#ref406020

«Dinastía Sui (581-618)». Enciclopedia Británica, https://www.britannica.com/topic/Sui-dynasty. Consultado el 27 de abril de 2021.

«La dinastía Tang (618-907 EC)». Enciclopedia de Historia Antigua, ancient.eu/Tang_Dynasty/.

«Las mujeres en la dinastía Tang». Asia Society Museum Education Center for Arts & Culture, asiasocietymuseumedcenterforartscultureedu/womeninthetanddynasty. Consultado el 18 de noviembre de 2020.

Shaughnessy, Edward L., ed. Historia de la antigua China de Cambridge: Desde el origen de la civilización hasta el 221 a. C. Cambridge University Press, 1999.

Murphey, Rhoads «Eunucos y su poder en la China Ming» University of South Carolina Press, 2009-.http://www.uscpressedusccmceunuch.html>.

«Periodo de las cinco dinastías y los diez reinos». Ancient History Encyclopedia, https://www.ancient.eu/five_dynasties_and_ten_kingdoms/ .

«Dinastía Xia Occidental | Historia China | Britannica». Encyclopedia Britannica, www.britannica.com/place/Western-Xia-dynasty#ref1060483/.

«Historia de la acupuntura». Healthline Media UK Ltd., 2019, healthline.com/health/history - ofacupuncture.

«Dinastía Liao». Encyclopedia Britannica, Encyclopedia Britannica, Inc., 15 abr. 2020, www.britannica.com/topic/Liao-Dynasty#ref879107.

Ebrey, Patricia Buckley. La historia de China de Cambridge ilustrada (Cambridge Illustrated Histories). Cambridge University Press; 2 edición (30 de agosto de 1999).

«Dinastía Song». Encyclopedia Britannica, www.britannica.com/topic/Song-dynasty.

«Gengis Khan y la conquista mongola de China - Asia para educadores - Universidad de Columbia». Consultado el 8 de mayo de 2021. https://afe.easia.columbia.edu/mongols/pop_genghisconquestchinapowerpointlessonplan2_.htm

«Ruta de la seda», National Geographic, https://www.nationalgeographic.org/topics/exploration-and-adventure/silk-road/.

«Dinastía Yuan». Ancient History Encyclopedia, ancient.eu/yuan_dynasty/.

«Kublai Khan». Encyclopedia Britannica, www.britannica.com/biography/Kublai-Khan.

«Los viajes de Marco Polo». The British Library, www.bl.uk/collectionitems/the-travels-of-marco-polo.

«Dinastía Ming». Encyclopedia Britannica, https://www.britannica.com/topic/Ming-dynasty#ref83635.

«Dinastía Qing (1644-1911)». Encyclopedia Britannica, Encyclopedia Britannica, Inc., https://www.britannica.com/place/Qing-dynasty.

Beasley, William G. «Pueblo manchú» Encyclopedia Britannica, Encyclopedia Britannica, Inc., 8 oct 2012, https://www.britannica.com/topic/Manchu-people#ref630815.

«Comercio sinoeuropeo». Asian Art Museum, Museo de Arte Asiático de San Francisco, http://www.asianartmuseum.org/documents/lessonplan_chinatrade.pdf.

«Emperador Tongzhi». Encyclopedia Britannica, https://www.britannica.com/biography/Tongzhi-emperor-of-China. Consultado el 7 de abril de 2021

«Emperatriz Cixi de China». Biography, A&E Television Networks LLC., 29 de octubre de 2016, https://www.biography.com/royalty/empress-cixi-of-china. Consultado el 7 de abril de 2021.

«La guerra del Opio (1839-1842)». History, www.history.com/topics/opium-wars/.

Hanes III, W Travis y Frank Sanello. Las guerras del opio: la adicción de un imperio y la corrupción de otro. Sourcebooks Trade Paperback Edition (1 de octubre de 2002).

MacGillivray, Donald. «La restauración Tongzhi (1862-1908)». Encyclopedia Britannica, 16 abr. 2021, www.britannica.com/topic/Tongzhi-restoration.

«La rebelión de los bóxers». History.com, A&E Television Networks, 2020, www.history.com/topics/19th-century/boxer-rebellion#:~:text=In%20late%201900s%20China,overthrow%20foreigners'ruleinChina.

Belenky, Alexander M., y Mark Czarnecki, eds. La revolución China de 1911: Una breve historia con documentos, Bedford St Martin's (2017).

«Revolución republicana en China», Encyclopedia Britannica Online Academic Edition, consultado el 6 de marzo de 2021 https://www.britannica.com/event/Republican-Revolution#ref495887.

«Kuomintang». Encyclopedia Britannica, https://www.britannica.com/topic/Kuomintang-Nationalist-Party-of-China#ref302070.

«Guerra civil China». Encyclopedia Britannica, Encyclopedia Britannica, Inc., 10 mar. 2021, https://www.britannica.com/event/Chinese-civil-War.

«Chiang Kai Shek y los nacionalistas en China | Asia para educadores | Universidad de Columbia». Consultado el 11 de marzo de 2021 http://afe.easia.columbia.edu/special/china_1900_chiangkaishek.htm.

«La República Popular China». The World Factbook, Agencia Central de Inteligencia, 2019, www.cia.gov/library/publications/the-world-factbook/geos/ch.html.

«La Revolución Cultural: Campaña política lanzada por Mao Zedong 1966-1976». La Revolución Cultural: Campaña política lanzada por Mao Zedong 1966-1976 | Britannica, www.britannica.com/event/Cultural-Revolution#ref351884.

«Protestas en la plaza de Tiananmen». History.com, A&E Television Networks, 2 de noviembre de 2009, www.history.com/topics/tiananmen-square-protests.

Segunda Parte

1. May, Julian. *La prehistoria de Japón*. Routledge, 2019.

2. Takakia, Kazuo. *Japón prehistórico: Nuevas perspectivas de las islas de Asia Oriental*. U of Hawaii P, 2008.

3. Miller, Laura. *Religiones en Japón: Budismo, shintoísmo, cristianismo*. Japan Society, 1989.

4. Brown, Delmer M., e Ichirō Ishida, eds. *La historia de Cambridge de Japón*. Vol. 1, Ancient Japan. The Cambridge UP, 1993.

5. Qiu, Jenny. «Periodo Yayoi». Encyclopedia Britannica, Encyclopedia Britannica, Inc., 9 feb. 2018, https://www.britannica.com/place/Japan/The-Yayoi-period-c-300-bce-c-250-ce

6. Chisholm, Kate. «Periodo Kofun». Enciclopedia Británica. 08 de septiembre de 2020. https://www.britannica.com/event/Kofun-period-Japanese-history.

7. «Constitución de los diecisiete artículos». Encyclopedia Britannica, Encyclopedia Britannica, Inc., 16 jul. 2015, https://www.britannica.com/topic/Seventeen-Article-Constitution .

8. «Período Asuka». Artes, Enciclopedia Británica, https://www.britannica.com/topic/Asuka-period.

9. «El período Nara». Enciclopedia Británica, https://www.britannica.com /event/Nara-period.

10. Hayashi, Miki. «Periodo Heian (794-1185): Historia y cultura japonesas». Britannica.com, The Encyclopedia Britannica, Inc., 28 ago. 2020, www.britannica.com/topic/Heian-period.

11. «Teatro *noh*». Encyclopedia Britannica, https://www.britannica.com/art/Noh-theatre.

12. «Periodo Kamakura». Enciclopedia Británica, www.britannica.com/topic/Kamakura-period.

13. Tsuzi, Atta. *Historia de Japón*. Infobase Publishing, 2007.

14. Carrington, Hereward. *Atlas histórico y cultural de Japón*. Facts on File, 2007.

15. Plath, David W. *La sociedad japonesa en el cambio de siglo*. University of California Press, 1995.

16. Kakutani, Michio. Cultura *zen*. Vintage Books, 1980.

17. Ushio, Shinobu. *Cultura japonesa.* A Short History. Routledge, 2014.

18. Gordon, Andrew. «El Japón de los Tokugawa». Encyclopedia Britannica, Encyclopedia Britannica, Inc., www.britannica.com/place/Japan/Tokugawa-Japan-1603-1868.

19. Gordon, Andrew. «*Sakoku*». Encyclopedia Britannica, Enciclopedia Britannica, Inc., www.britannica.com/topic/sakoku.

20. «*Kabuki*, teatro tradicional de Japón». Encyclopedia Britannica, Enciclopedia Britannica, Inc., www.britannica.com/art/kabuki.

21. Gordon, Andrew. «EL Japón de Tokugawa». Encyclopedia Britannica, Encyclopedia Britannica, Inc., www.britannica.com/place/Japan/Tokugawa-Japan-1603-1868.

22. «Restauración Meiji», Enciclopedia de Historia Mundial, diciembre de 2017, https://www.worldhistory.org/Meiji_Restoration/.

23. «Período Meiji: Desarrollo económico», Enciclopedia Británica, https://www.britannica.com/place/Japan/Meiji-period-1868-1912-economic-development.

24. «Primera guerra chino-japonesa (1894-95)», Enciclopedia Británica, https://www.britannica.com/event/First-Sino-Japanese-War-1894-1895.

25. «Guerra Ruso-Japonesa (1904-05)», Enciclopedia Británica, https://www.britannica.com/event/Russo-Japanese-War.

26. «Sufragio femenino en Japón». Wikipedia, Wikimedia Foundation, 27 feb. 2021, en.wikipedia.org/wiki/Women%27s_suffrage_in_Japan.

27. «Abenomics», Wikipedia, Wikimedia Foundation, 7 mar. 2021, en.wikipedia.org/wiki/Abenomics.

28. «Constitución Meiji». Encyclopedia Britannica, consultado el 12 de mayo de 2021, https://www.britannica.com/topic/Meiji-Constitution.

29. «Primer ministro Junichiro Koizumi». Britannica, Encyclopedia Britannica, Inc., 21 mar. 2018, https://www.britannica.com/biography/Koizumi-Junichiro.

30. Charles D. Anderson. «Shinzo Abe». Britannica, Encyclopedia Britannica, Inc., 22 de mayo de 2020, https://www.britannica.com/biography/Abe-Shinzo.

31. Oshiro Kanda. «Yasuo Fukuda». Britannica, Encyclopedia Britannica, Inc., 18 dic. 2020, https://www.britannica.com/biography/Fukuda-Yasuo.

32. «Yoshihiko Noda». Britannica, Encyclopedia Britannica, Inc., 18 dic. 2020, https://kids.britannica.com/students/article/Noda-Yoshihiko/571427.

www.ingramcontent.com/pod-product-compliance
Lightning Source LLC
Chambersburg PA
CBHW081716120626
46550CB00010B/3151